Chr. Struck

Geschichte der Grafschaft Schaumburg

Chr. Struck

Geschichte der Grafschaft Schaumburg

ISBN/EAN: 9783743353527

Hergestellt in Europa, USA, Kanada, Australien, Japan

Cover: Foto ©ninafisch / pixelio.de

Chr. Struck

Geschichte der Grafschaft Schaumburg

Geschichte

der

Grafschaft Schaumburg

von

Chr. Struck
(Rektor.)

Rinteln.
Druck von C. Bösendahl.

Die Weſer.

Ich kenne einen deutſchen Strom,
Der iſt mir wert und lieb vor allen,
Umwölbt von ernſter Eichen Dom,
Umgrünt von kühlen Buchenhallen.
Den hat nicht, wie den großen Rhein,
Der Alpe dunkler Geiſt beſchworen;
Er ward aus friedlichem Verein
Verwandter Ströme ſtill geboren.

So taucht die Weſer kindlich auf,
Von Hügeln traulich eingeſchloſſen,
Und kommt in träumeriſchem Lauf
Durch Reben nicht, durch Korn gefloſſen;
So windet ſie mit treuem Fuß
Zum deutſchen Meere ſich hernieder,
Und ſpiegelt mit geſchwäß’gem Gruß
Der Ufer ſanften Frieden wieder.

Doch hat ſie in der Zeiten Flug
Auch manche große Mähr’ erfahren,
Und die beſcheid’ne Woge trug
Viel Herrliches zu fernen Jahren:
Sie ſah in ihrer Wälder Schoß
Des Adlers Silberflügel wanken,
Und vor urdeutſcher Arme Stoß
Der ew’gen Roma Säulen ſchwanken.

Und als mit feſter Eiſenhand
Held Karl den deutſchen Scepter führte,
Da war es, wo im Weſerland
Sich manche Stimme mächtig rührte;
Da hörte man des Kreuzes Ruf
Mit hellem Klang an den Geſtaden,
Und ſah der Frankenroſſe Huf
Sich in den nord’ſchen Wellen baden,

So meldet sie dir manchen Traum
Aus ihrer Vorzeit grauen Tagen,
Und sieht dabei des Lebens Baum
Stets frisch an ihren Ufern ragen;
Es glänzen in der lichten Flut
Der Klöster, Schlösser, Burgen Trümmer,
Des Mondes und der Sonne Glut,
Der Türme und der Segel Schimmer.

Und meerwärts durch ihr Felsenthor,
Durch immer wechselnde Gefilde
Strömt sie die Wellen leicht hervor,
Wie dichterische Traumgebilde;
In ihren Tiefen klar und rein
Hörst du es seltsam weh'n und rauschen,
Und kannst bei stillem Abendschein
Der Nixe Wanderlied belauschen.

Franz von Dingelstedt.

Vorrede.

Ist es wahr, daß Begeisterung für das eigne Volk und Liebe zum Vaterlande den Menschen veredeln und ihn zu den schönsten Thaten führen können, und ist dieses nur möglich, wenn er Land und Leute kennt, so ist auch wohl nichts natürlicher und dringender für ihn als zu wissen: Wo wohnen wir? Woher stammen wir? Wer waren unsere Altvordern? Welche Schätze und Güter haben sie uns als ein unveräußerliches Erbteil hinterlassen? Wie sah es ehemals und wie sieht es jetzt in unserer Heimat aus? 2c. Schon das öffentliche Leben verlangt heute gebieterisch, daß jeder diese Fragen wenigstens bis zu einer gewissen Ausdehnung beantworten kann, daß er ferner seine eigene Heimat kennt. Mit vollem Recht sind daher seit etwa 20 Jahren Geschichte und Geographie in unsern Volksschulen mehr als früher in den Vordergrund gestellt. Gleichwohl kennen die meisten Schaumburger ihre eigene Geschichte selbst heute noch nicht, welche noch dazu einen viel größeren Wert als den einer Lokal=Geschichte hat. Wer z. B. die Schleswig=Holsteinschen Kriege recht verstehen will, der muß unsere Geschichte kennen. Außerdem dürfte es im nördlichen Deutschland kaum noch eine andere Gegend geben, die von der Natur so bevorzugt ist, und die eine so eigentümliche, denkwürdige Geschichte hat.

Woran liegt nun solche Unkenntnis? Die liegt vielleicht an einem mangelhaften Interesse, welches sich wieder daraus ergeben mag, daß bis jetzt darüber zu wenig gesprochen und geschrieben wurde. Demnach fehlte es für diesen Zweck an einem geeigneten Lehrmittel.

Zwar hat der verdienstvolle Dr. Piderit in seiner „Geschichte der Grafschaft Schaumburg" und in seinen „Geschichtlichen Wanderungen durch das Weserthal" uns vorzügliche Werke hinterlassen,

aber diese sind 1831 bezw. 1838 gedruckt und heute längst ver=
griffen, so daß thatsächlich das Bedürfnis zu einer neuen
Herausgabe der Geschichte unserer Grafschaft vorhanden
ist. Darauf bezügliche, vielfach geäußerte Wünsche sind die nächste
Veranlassung zur Herausgabe dieses Werkes, wobei Piderit vielfach
benutzt wurde. —

Es wird aber nicht beabsichtigt, einen bloßen Wegweiser für
Touristen zu liefern, vielmehr eine zusammenhängende, übersichtliche
Kunde der Heimat bis zu unsern Tagen dem Leser zu bieten.
Natürlich beschränken wir uns hierbei nur auf die Geschichte unserer
Grafschaft und was damit im Zusammenhange steht.

Um indes ein vollständiges Bild zu erhalten, müssen wir
mit der ältesten Geschichte unsers Landes beginnen. Da diese aber
bis in eine Zeit zurück reicht, in der Geschichte und Dichtung noch
nicht auseinander gingen, so müssen auch die vorhandenen Sagen
und Märchen erwähnt werden. Sie sind es besonders, welche die
ursprüngliche und eigentümliche Poesie eines Volkes andeuten, weil
dieses damit den Sinn und die Richtung einer ersten Bildung be=
zeichnet, und dadurch ist uns ein Einblick in die heilige und älteste
Truhe des geistigen Lebens eines Volkes gestattet. —

Möge daher auch dieses Büchleich dazu beitragen, das In=
teresse an der Heimat zu fördern, die Liebe zum Vaterlande zu
pflegen und das menschliche Herz zu veredeln. —

Da in Beziehung auf Form und Inhalt, Druck und Papier
hier das Möglichste nach Kräften geboten wird, so darf hoffentlich
dieses Werk sich einer freundlichen und bereitwilligen Aufnahme zu
erfreuen haben.

Rinteln, im Mai 1890.

Der Verfasser.

Lage der Grafschaft.

Wie über ganz Norddeutschland, so brausten auch über unsere Gegend in vorhistorischer Zeit die Fluten des großen Weltmeers. Das beweisen uns die zahllosen und mannigfachen Versteinerungen solcher Tiere, die nur im Wasser leben; das beweist auch die Formation unserer Berge wie der ganze Untergrund der Grafschaft. Jedenfalls war unser Thal ehemals ein Binnensee, denn unter dem 2 bis 12 Fuß hoch angeschwemmten Boden befinden sich genau dieselben Kies- und Steinlager, wie sie das Weserflußbett enthält; ferner ist unter den wellenförmigen Gebirgswänden ein Lager von Kiessand bis zu einer bedeutenden Höhe vorhanden; endlich hat man hin und wieder einige Fossilien und namentlich auf der Frankenburg versteinerte Muscheln 2c. gefunden. Bei einer, vielleicht letzten Katastrophe mag dann der gewaltige Druck der Wassermassen den merkwürdigen Durchbruch bei der Porta bewirkt haben. Dieses Ereignis erschloß nun dem Wasser die große Norddeutsche Tiefebene, um dieselbe immer langsamer von Süden nach Norden zu durchströmen und endlich, gleich den andern deutschen Strömen, im großen Weltmeere sich aufzulösen. Ebenso muß das Auethal sowie der weiter nördlich gelegene Teil der Grafschaft in prähistorischer Zeit mit Wasserfluten überschwemmt gewesen sein, denn es finden sich in den Steinbrüchen des Bückeberges noch merkwürdige Versteinerungen. Als dann „die Wasser sich verlaufen" hatten und es auch hier trocken wurde; als Flüsse und Bäche ihren natürlichen Lauf gesucht und gefunden hatten und unabsehbare Waldungen unsere Berge bedeckten; als nach vielen Jahrhunderten der Boden zur Bebauung und Bewohnung fähig war, kamen von Osten und Südwesten die ersten Bewohner in dieses Thal. Es waren das jedenfalls Nachkommen Japhets, dessen Söhne hießen: Gomer, Magog, Madai, Javan, Thubal, Mesech und Thiras. Von Gomer stammt wahrscheinlich das ausgebreitete Volk der „Kimmerer, Kymren oder Kimbren" ab, von dem im Altertum in dem Namen des Kimmerischen Bosporus (Meerenge von Kaffa und Feodosia) und jetzt noch in dem Namen der Halbinsel „Krim" sich ein Andenken erhalten haben mag. Auch lesen wir von Cyrus, (Kores), dem Stifter des großen Perserreiches, daß sein thatenreiches Leben im Norden des schwarzen

Meeres im blutigen Kampfe gegen die Maſſageten (Geten oder Gothen) endete. Dieſes kriegeriſche Heldenvolk gehörte wie die Kimbern zur Germaniſchen Race und war hier vielleicht ſchon ſeit Jahrhunderten anſäſſig.

Bekanntlich zogen die Nachkommen Japhets zunächſt nach Norden und breiteten ſich nördlich vom ſchwarzen und aſowſchen Meere aus, zogen dann weiter nach Nordweſten, alſo nach Mittel= europa, und nach Oſten bis zu den hohen Bergen und fruchtbaren Thälern Indiens.

Wie alſo zur Zeit Abrahams (2000 v. Chr.) einige Männer mit ihren Familien auszogen aus „ihrem Vaterlande und aus ihrer Freundſchaft in ein anderes Land“, um hier die Stammväter neuer Völker zu werden, ſo fanden die erſten Einwanderungen der Nach= kommen Japhets in unſer Vaterland vielleicht ſchon zu Abrahams Zeit oder doch kurze Zeit nachher ſtatt.

Da wir aber die erſten Nachrichten über die früheren Be= wohner unſers Vaterlandes den Römern zu verdanken haben, ſo beginnt unſere Geſchichte eben da, wo unſere Vorfahren mit den Römern in Verbindung traten. Die Zeit vorher liegt gänzlich im Dunkeln, und es dürfte ſchwerlich einem Sterblichen gelingen, in das europäiſche Dunkel dieſer Zeit das erwünſchte Licht zu bringen. Selbſt die Nachrichten der Römer ſind noch mangelhaft und höchſt lückenvoll zu nennen, weshalb der Volksmund, alte Sitten und Gebräuche, aufgefundene Merkwürdigkeiten, wie anderes thatſächlich Gegebene häufig als ein Schlüſſel für die Vergangenheit dienen müſſen. —

Der heutige Kreis Rinteln und das jetzige Fürſtentum Schaum= burg=Lippe (Bückeburg) bildeten vereinigt die frühere Grafſchaft Schaumburg, demnach war dieſe etwa 15 ☐ Meilen = 56,25 ☐ Kilometer = 5625 Hektar groß. Sie liegt zwiſchen Weſer und Leine, zwiſchen Porta und Deiſter und iſt ein ebenſo herrliches wie fruchtbares Ländchen, denn ſie zeigt einen doppelten Reichtum, näm= lich den, welchen die Erde unter der Oberfläche verbirgt und den, welcher durch eine ſeltene Fruchtbarkeit des Bodens ſich auszeichnet. Steht man auf der Höhe des reichen und mächtigen Bückeberges, des höchſten Punktes der Grafſchaft, und läßt man das Auge ruhig Umſchau halten, ſo decken ſich ungefähr die Grenzen des Horizonts mit denen der früheren Grafſchaft.

Auch das nördlichſte und zugleich wohl ſchönſte und denk= würdigſte Thal der Weſer, wo dieſe ihre Richtung von Oſten nach Weſten nimmt, gehörte zu dieſer Grafſchaft. Hier lag auf einem Vorberge des ausſichtsreichen Paſchenberges die Stamm= burg der Grafſchaft, welche vom erſten Grafen erbaut wurde und dem Lande wie dem Fürſthauſe den Namen gab, die eben

ihrer schönen Lage wegen noch heute von den Touristen vielfach
aufgesucht wird. Und mit Recht verdient diess etwa 6 Stunden
lange und fast 2 Stunden breite Thal der Weser die Aufmerksam=
keit dieser „Zugvögel", denn die bunten Felder und Wiesen, die
vielen Örter mit ihren lebhaft roten Dächern, der heimische, trau=
liche Strom mit seinen gefälligen Schlangenlinien, lachenden Fluren
und üppig bewaldeten Höhen bieten eine landschaftliche Szenerie,
wie sie anmutiger kaum gedacht werden kann. Unvergleichlich schön
ist dieses Bild, wenn man in der richtigen Jahreszeit auf dem 1889
neu erbaute Turm der Luhdener Klippen steht. Wohl noch
keiner, der ein Verständnis für das Wahre und Schöne hat, ver=
ließ diesen herrlich angelegten und vortrefflich ausgeführten Turm,
ohne den Gründern und Erbauern seinen Dank zu zollen. Zwar
bietet Großartigeres uns der Rhein mit seinen mächtigen Wassern
und Städten, unzähligen Burgen und Schlössern, hohen Felsen und
rebenumrankten Bergen; aber dem Ganzen entsprechender, reizender
und anmutiger ist es doch in unserm Thale an der Weser. Hier
ist wirklich die Natur derart schön und reich ausgestattet, daß ein
menschliches Gemüt über diesen Wunderbau Gottes begeistert mit
Gellert ausrufen kann: „Wie groß ist des Allmächtigen Güte!"
Noch mehr aber gewinnt das ganze an Reiz, wenn wir hier
auf irgend einem erhöhten Punkte stehen, dann den Schleier der
Geschichte dieses Thales lüften und dabei die reinen
Silberglocken der Sage ziehen. Gedenken wir so still bewun=
dernd der vergangenen Zeiten und lauschen wir dem geheimnisvollen
Säuseln der dunklen Zweige dieser alten Wälder zu, so scheint es,
als ob die Bäume in ihrer ewig gleichen Weise einander erzählten
von den wundersamen Thaten, die hier einst vollbracht
wurden. Jeder Windstoß durch die Blätter gemahnt uns an die
urdeutsche Kraft, deren Zeuge einst die mächtigen Bäume dieser alten
Wälder waren. Und wird dieses Säuseln gar noch durch ein mo=
notones Läuten der friedlichen Heerden aus dem Thale von hüben
und drüben begleitet, so scheinen die alten Lieder der ewig plät=
schernden Weser wunderbar harmonisiert zu sein, denn es ist, als
tönten die alten Weisen grauer Zeiten aus zauberischen Hainen in
himmlisch klaren Melodien, in ernst elegischen Accorden zu uns herüber,
jubelnd über die germanische Kraft und That an der
Weser, aber auch trauernd um das heilige deutsche Blut,
welches sie aufnahm. Und wie damals so nicken noch heute die
gigantischen Wipfel der Bäume dieser Wälder Beifall zu den ewig
denkwürdigen Thaten unserer Väter in dieser Gegend.
Darum seien wir stolz auf unsere Heimat, dann
hier ist heilicher Boden. —
Im Norden wird dieses Thal begrenzt von der mit pracht=

voller Laubwaldung geschmückten Weserbergkette (Wesergebirge und Süntel). Von den Höhen dieser Berge (Hohenstein 341,42 Meter; Paschenburg 335,10 Meter; Schaumburg 215 Meter; Luhdener Klippen 300 Meter; Papenbrink 301,61 Meter ꝛc.) erschließt sich dem Auge jene herrliche und liebliche Aussicht. — Die Südgrenze bilden die ebenfalls mit üppiger Laubwaldung gezierten lippischen Berge (Ausläufer und Verbindungsberge zwischen Teutoburger Wald und Wesergebirge.)

Die schönste Aussicht in dieses Thal dürfte wohl die von dem schon erwähnten Turme auf den Luhdener Klippen sein, denn von hier aus zeigt sich das Thal wie die ganze Rundsicht am vorteilhaftesten. Vor uns liegt nämlich ein malerischer Vordergrund, dann kommt die Bahn, zu deren regelmäßigen Linien die in den gefälligsten Bogenlinien sich dahinter schlängelnde Weser den wohlthuendsten Gegensatz bildet. Über die Weser führt eine geschmackvolle Brücke direkt in die Hauptstraße von Rinteln. Diese Stadt mit ihren schönen Promenaden und dem herrlichen Blumenwall, umgeben ferner mit vielen wohlgepflegten Gärten nebst Gartenhäusern, Bäumen und smaragdgrünen Matten, gleicht mit ihren roten Dächern thatsächlich einer Rose im reizenden Blumenbouquet; die Weserbrücke bildet gleichsam den ins Wasser getauchten Stiel dieser Rose. Auch wie ein Kind an der Mutter Brust, so liegt Rinteln an der Weser, Leben und Nahrung einsaugend von einem lebendigen Wasser. — Weiter zeigen sich rechts die hohen Türme vom ehemaligen Kloster Möllenbeck und Barenholz mit seinem Schlosse. Links sieht man noch das schöne Thal der Exter und fern im Süden mit einer kleinen Neigung nach Westen erblickt man am Horizonte das Hermannsdenkmal auf der Grotenburg. Endlich geben die vielfach zerstreut umher liegenden Dörfer mit ihren lebhaft roten Dächern, der verkehrsreiche Strom wie überhaupt das überall bebaute und belebte Thal dieser Aussicht einen besonderen Reiz. — Schauen wir nach Norden, so sehen wir zunächst das schöne Thal der Aue, an welcher in reizender Lage das nahe Bad Eilsen liegt, dessen Schwefelquellen so berühmt sind, daß jährlich Tausende von Menschen sie aufsuchen. Weiter links sehen wir am Fuße des herrlichen Harls die freundliche Stadt Bückeburg, die Residenz des Fürsten von Schaumburg-Lippe; ferner die hohen Türme der alten Stadt Minden. Der mächtige Bückeberg (350 Meter) giebt endlich auch diesem Bilde die nötige Großartigkeit. —- Man mag also von unserm Turme hinsehen, wohin man will, überall wird man eine Aussicht haben, mit welcher nur wenige in ganz Deutschland zu vergleichen sind. — Auf der Südseite liegen am Fuß der Klippen der Waldkater und Todenmann, zwei Punkte, welche nicht nur der Aussicht, sondern auch der Getränke wegen

besonders zu empfehlen sind. Geht man auf der andern Seite vom
Berge, so kommt man zum schön gelegenen Gasthof in Steinbergen,
wo ebenfalls die beste Gelegenheit für eine gute Verpflegung gegeben
ist. Hiervon wenige Hundert Meter entfernt liegt auf einer Anhöhe
(129,5 Meter) die Arensburg, welche wie eine verzauberte Schön=
heit plötzlich vor uns auftaucht. Da dieses reizende Schlößchen mit
seinen kunstvoll gepflegten Anlagen die wundervollsten Aussichten in
mannigfacher Abwechselung bietet, da auch hier in freundlichster
Weise für Tische und Stühle wie für gute Getränke gesorgt wird,
so ist es erklärlich, daß die Kurgäste vom nahen Eilsen wie auch
andere Touristen die Arensburg so vielfach besuchen. In derselben
wohnte von 1771—1775 der geistreiche Joh. Gottfr. v. Herder.
Am Fuße der Arnsburg steht die Hermannseiche, von welcher der
Volksmund erzählt, daß Hermann vor der Schlacht auf dem Idistavisus=
felde unter dieser Eiche gefrühstückt habe. Die Arnsburg soll von
einem Ritter Arens erbaut sein, sie ist jedoch seit der Teilung der
Grafschaft Eigentum des Fürsten von Bückeburg.

Doch auch von der Paschenburg ist die Aussicht unver=
gleichlich schön, wozu die unmittelbar davor liegende Schaumburg
wesentlich beiträgt. Der Besuch dieser Stellen wird von vielen
Naturfreunden deshalb vorgezogen, weil auf beiden Höhen für eine
gute Wirtschaft gesorgt ist, was man natürlich nicht unterschätzen
darf. Stehen wir auf diesen Punkten oder auf dem nahen, felsigen
Hohenstein, so sehen wir vor uns das alte Feld Idistavisus, ein
Schlachtfeld, wo unsere Vorfahren dreimal mit Erfolg für ihren
Glauben gegen fremde Unterdrücker kämpften.

Endlich erwähnen wir noch die Aussicht vom Papenbrink
welche ebenfalls sehr schön und eigentümlich ist. — Von allen diesen
Höhen schweift der Blick weit hinaus bis zum Harz, Solling, Egge=
Gebirge und Teutoburger Wald; wir übersehen daher eine Bühne,
auf welcher die welthistorischen Personen Drusus, Varus, Ger=
manicus, Hermann, Karl d. Gr. und Wittekind einst die
Heldenrolle spielten.

Darum aber vereinigen sich auch hier Natur und Geschichte
zu einem Idyll und Epos, zu einer Poesie, wie kaum irgend wo
anders in Deutschland. Und alle diese zauberisch schön gelegenen
Punkte sind heute schnell, bequem und billig zu erreichen, denn seit
1875 fährt die Eisenbahn durch dieses Thal. Es ist am zweck=
mäßigsten bis Rinteln zu fahren, weil von hier aus alle Partien
am besten zu erreichen sind. —

Nach einer alten Schaumburger Sage sind die Weserberge
auf folgende Art entstanden: Als in grauer Vorzeit die Riesen den

Blocksberg (Brocken) baueten, holten sie dazu auf ihren Riesen-schubkarren die Bausteine vom Strande der Nordsee. Das kleine Gerümpel packten sie unten hin und darauf rollten sie Felsblöcke. Als sie vom Meere nach der Baustätte fuhren, rieselte der Meer-kies und das dünne Steingeröll durch die breiten Ritzen der Schub-karren. Nachdem sie den Blocksberg fertig hatten, da waren durch den unterwegs verlorenen Grand (Kies) auch die Weserberge ent-standen.

Bei dem Brockenbau war einem Riesen, der zerrissene Stiefeln hatte, Sand in den Strumpf gekommen. Als er nun mit der leeren Karre nach der Nordsee zurück fuhr, belästigte ihn das beim Gehen, weshalb er auf halbem Wege, zwischen Rinteln und Oldendorf, den Stiefel und Strumpf auszog und den Sand ausschüttete. Daraus entstand ein Berg, den die Bauern von Fuhlen nachmals den Sand-brink nannten.

Der Papenbrink erhielt seinen Namen durch folgende Ver-anlassung: In Kleinenbremen lebte einst ein frommer Pape (Pastor), der ging häufig auf den Papenbrink. Eines Tages, als er ebenfalls dort auf und abging und über seine nächste Predigt nachdachte, trat der Versucher zu ihm und wollte nicht von ihm lassen. Da packte endlich der Pape in Gottes Namen den Unhold mit dem Pferdefuß und warf ihn in einen am Papenbrink befindlichen Teich, aus welchem der Teufel sich mit großer Mühe und Not endlich rettete, so daß er noch mit dem Leben davon kam. Seit dieser Zeit heißt der Teich das „Teufelsbad" und der Berg „Papenbrink".

Über dem Dorfe Hohenrode, wo die Schaumburger Diamanten gefunden worden, giebt es eine Hünenburg. Hier wohnte ein Hüne, der die Großenwiedener Kirche zerstören wollte. Er nahm deshalb einen Felsblock und schleuderte ihn nach dem Kirchturme, erreichte aber das Ziel nicht. Doch fielen zwei große Steine beim Dorfe nieder und sind daselbst noch heute zu sehen.

Einst hausten hier im Weserthal zwei gewaltige Riesen. Die Erde erbebte, wenn einer von ihnen nieste, und Pfützen entstanden bei jedem Fußtritt, wenn sie bei Regenwetter ausgingen. Der eine wohnte im Paschenberge und hatte zur Bedienung einen Zwerg, der andere wohnte auf dem Borberg. Ihr Brod backten sie gemein-schaftlich in einem Ofen. War der heiß und wollte einer backen, so kratzte er im Trog, worauf der andere zur gemeinschaftlichen Arbeit herbei kam. Als einst Backetag war, hörte der Borbergs-riese schon früh ein ganz gewaltig Schruppen, er nahm daher seinen Teig und trug ihn hinüber, fand aber den andern Riesen noch ruhig auf der Seite liegen. „Ei, ei, Kamerad, was ist denn das, ich hörte doch das Schruppen?" so sprach der Borbergsriese. Der Paschenberger aber spricht: „Da habt Ihr Euch geirrt, mich stach

nur just ein Floh, da hab ich mich gekratzt, der Ofen ist noch lang
nicht heiß". Da blies der Vorbergsriese seine Nüstern auf und
thät gewaltig schnaufen, wütend wirft er seinen und des andern
Teig dann dicht vor des Ofens Flammen und geht eilends fort,
auch der Zwerg huscht ängstlich in eine Felsenspalte. Da nimmt
der Paschenbergsriese einen Felsen, um die Ehre des Hauses zu
verteidigen. Als der Vorbergsriese an den linken Strand der Weser
kam, schüttelte er aus seinen Schuhen Sand und Erde, woraus
der Hünenbrink bei Fuhlen entstanden ist. Doch aus dem Teig
vor dem Paschenberge wurde der Berg, worauf die Schaumburg
steht.

Auf dem Paschenberge ist noch heute merkwürdig das
Meumken=Loch oder die Wolfsschlucht. Nach einer alten Sage
wohnten darin die Wichteln oder Erdmännchen, eine Gattung
gutmütiger Elfen, deren Weiber zwar sehr klein aber derart schön
waren, daß bei ihrem Anblick ein männliches Herz selten unberührt
blieb. Das erfuhr auch einer der letzten Grafen von Schaumburg.
Dieser war bisher gegen seine Gemahlin der zärtlichste Gatte ge=
wesen. Plötzlich änderte er sein Betragen in höchst auffälliger Weise,
ganze Tage war er abwesend, und wenn er zu Hause verweilte,
dann zeigte er sich unfreundlich und mürrisch. Vergebens forschte
seine Gemahlin nach den Gründen, nach dem Zweck und der Rich=
tung seiner Gänge. Daß letztere aber nicht weit sein konnten, be=
wies der Umstand, weil der Graf sich niemals dabei der Pferde
bediente, wiewohl er sich regelmäßig von einem Reitknecht begleiten
ließ. Von diesem suchte nun die Gräfin das Geheimnis zu er=
fahren, doch war derselbe zu keinerlei Auskunft zu bewegen, weil
er dem Grafen Verschwiegenheit eidlich gelobt hatte. Als ihn aber
der Schmerz der Gebieterin betrübte und das Beginnen des Grafen
ihm unheimlich schien, war er geneigt, den Weg, wenn auch nicht
offen, so doch in der Weise zu verraten, daß die Gräfin ihn finden
konnte. Er nahm deshalb einen Beutel mit Mohnsamen und streute
die Körner auf dem Wege aus, was ganz unbemerkt geschah, weil
sein Herr voranging und der Diener ihm in einiger Entfernung
folgte. Nachdem nun der Same zu roten Blumen aufgegangen war,
konnte die Gräfin des Wegs nicht verfehlen. Letzterer führte auch
wirklich zu der Felshöhle, zur Wolfsschlucht. Hier sah sie mit
Schrecken ihren Gemahl in den Armen eines holden Wichtelweibchens,
beide schlafend. Sie begnügte sich, der schlafenden Elfe eine Haar=
locke abzuschneiden und entfernte sich dann ebenso leise, wie sie
gekommen war. Während einer guten Stunde zeigte sie dann dem
Grafen die Elfenlocke, warf sich zu seinen Füßen und beschwor ihn
bei ihrer Liebe, bei Ehr und Seligkeit, sich selbst und sie nicht der
höllischen Schlange zu opfern. Durch Liebe und Thränen brachte

sie ihn auch wirklich von seinem Abwege zurück, denn von Stund an mied er den Umgang mit der Zauberin. — Bald aber ließen sich auf der Burg klagende Stimmen vernehmen, welche die Locke zurück forderten, und nachdem diese zur Höhle geschickt war, sollte auch der Graf zu seinem Liebchen zurück kehren. Weil der aber nicht gehorchte, sondern standhaft bei der Gattin blieb, so kündigten diese Stimmen das Aussterben des Hauses Schaumburg an, eine Weissagung, die nur zu bald in Erfüllung ging.

Ferner merkwürdig ist die vor der Schaumburg stehende alte Linde. Der Sage nach wurde einst auf dieser Burg ein Mädchen als Kindesmörderin verurteilt. Obschon die Unglückliche beharrlich ihre Unschuld beteuerte, so fand sie doch bei den Richtern dieserhalb kein Gehör. Endlich nahm sie kurz vor der Hinrichtung einen schon halb vertrockneten Lindenzweig, steckte ihn in die Erde und sprach: „So wahr aus diesem Zweig ein Baum werden wird, so wahr ist meine Unschuld". Die Hinrichtung wurde vollzogen, und aus dem Zweige erwuchs die Linde.

In früherer Zeit wurde ein Bauer aus Westendorf von dem Amtmann auf der Schaumburg um eine bedeutende Schuld gemahnt. Ersterer behauptete, die Summe schon dem früheren Amt=mann, des jetzigen Vater, zurück gezahlt zu haben, doch konnte er keine Quittung aufweisen. Betrübt ging daher der Bauer von der Schaumburg über Ostendorf nach Hause. Als er auf dem Dreis=berge an die „einstännige" (alleinstehende) Eiche kam, begegnete ihm ein „Engel", der ihn fragte, warum er so traurig sei, worauf ihm der Bauer seine Sache erzählte. Der Engel sprach: „Wenn Du thun willst, was ich Dir sage, so kann Dir geholfen werden." So=fort entgegnete der Bauer: „Das will ich." Darauf forderte ihn der Engel auf, sich auf seine Zehen zu stellen. Alsbald hob sich der Engel mit ihm in die Luft und führte ihn weit weg an einen großen Berg. Hier klopfte er an eine Thür und hieß den Bauern hineingehen und seine Quittung fordern; letztere solle er aber nicht anfassen, sondern sich in den Hut werfen lassen. Der Bauer ging durch drei Thüren und kam endlich in das Zimmer, in welchem der verstorbene Amtmann saß und schrieb. „Was wollt Ihr?" fragte der Amtmann den Bauern, worauf dieser erwiderte: Ich wollte die Quittung über die Summe Geld haben, die ich Euch bezahlt habe". Erst zauderte der Amtmann, doch endlich gab er sie ihm. Der Bauer hielt seinen Hut hin. Die Quittung wurde ihm hinein ge=worfen. Sofort brannte der Boden des Hutes durch und die Quittung fiel zur Erde. Als sie erkaltet war, hob sie der Bauer auf, ging hinaus, stellte sich dem Engel abermals auf die Zehen und sah sich bald wieder auf dem Dreisberge bei der „einstännigen" Eiche nie=dergelassen. Fröhlich ging er nun nach der Schaumburg, um dem

Amtmann die Quittung vorzuzeigen. Verwundert fragte dieser: „Woher habt Ihr die?" Der Bauer antwortete: „De hebbe ck ut der Hölle hahlt!" — Bald darauf starb der Amtmann.

Auf dem Osterberge lebte in seiner Osterburg einst der mächtige Ritter Kuno mit seiner Tochter Else. Dieses schöne, sanfte Edelfräulein war von ganzem Herzen zugethan des Vaters Edelknappen, Junker Hans von Heidebrand. Da dieser aber arm und verwaist war, so wollte Ritter Kuno von einer näheren Verbindung nichts wissen. Hans zog deshalb aus ins Morgenland, kämpfe hier gegen Griechen und Sarazenen, erwarb sich dabei viel Gold und Silber, dazu als Gattin die Tochter eines reichen Kaufherrn. Als er genug Schätze gesammelt hatte, kehrte er endlich heimatskrank zu dem Strand der trauten Weser zurück und baute der Osterburg gegenüber sich die Burg: Hohn dem Rot. Hier ward Hans ein mächtiger Ritter und kam mit Kuno oft in harte Fehde. Else war noch unvermählt und hatte schon seit vielen Jahren sich ganz in den Dienst der Armen und Kranken gestellt, für diese suchte sie nämlich in des Vaters Revieren Heilkräuter. Einst pflegte sie den eignen Vater, der in einer Fehde gegen Hans verwundet war. Nachdem er fast genesen, führte sie ihn zu einer nahen, von ihr neu entdeckten Quelle, welche stark nach Schwefel roch und schmeckte. Sie trank und reichte dem kranken Vater davon; der bald frisch und gesund wurde. — Else zu Ehren ward der Wunderquell „Eilsen" genannt. Die „Osterburg und Hohenrot" sind längst zerstört, doch Eilsen ist bis auf den heutigen Tag eine bewährte Heilquelle.

Alte und allgemeine Geschichte der Grafschaft.

Als die ältesten Bewohner unserer Grafschaft werden von den Römern die Cherusker und Angrivarier genannt, welche beide zu dem großen Indo-Germanischen Stamme gehörten. Obwohl zwischen beiden Völkern einige Stammesverschiedenheiten herrschten, welche selbst nach Jahrhunderten sich nicht verwischten, so scheinen sie doch in Lebensart, Sitte und Religion freundschaftlich und nachbarlich mit einander verkehrt zu haben, denn nie hören wir von blutigen Fehden zwischen ihnen. Schon lange vor Karls d. Gr. Zeit waren sie eingeteilt in Edelinge, Frielinge und Lazzi (Liddi, Liti, Leute). Erstere waren die, welche durch Geburt oder hervorragende Thaten im Kriege eine bevorzugte Stellung und ein erhöhtes

Ansehen einnahmen; die andern waren die freien Leute, welche durch die Libdi ihre Felder bebauen ließen. Der freie Mann baute sich an, wo eine Quelle, ein Wäldchen oder sonst ein Platz ihn anzog und in seiner Nähe zerstreut wohnten die Libdis. Man baute Roggen, Gerste, Hafer, Flachs und Gartengewächse. Der Weizen scheint erst nach den Kreuzzüge in Aufnahme gekommen zu sein. Mit dem Ackerbau war natürlich auch die Viehzucht verbunden. So einfach wie ihr Leben war auch ihre Religion. Sie bewunderten und verehrten die Naturkräfte. Der rings mit Wald umkränzte, felsige Hohenstein war der heilige Berg. Hier loderte das heilige Feuer der Göttin Ostara, welcher man im Frühling in einem dunklen Hain unter einer alten Eiche, deren Aeste mit Kränzen und Blumen, als die ersten Gaben des Frühlings, um- hangen waren, unblutige Opfer brachte. Doch auch auf andern Höhen, von wo aus die Flammen weit in das Land hinein leuchten konnten, zündete man das heilige Feuer an, wenn die Erde ihr Auferstehungsfest feierte. Und solch ein Ort war besonders die Felsenwand, welche man darum Osterburg (Paschenburg) nannte.*)

Der höchste Gott, der Allvater, der Schutzherr des Landes war Odin (Wodan, Krodbo, d. i. der Große.) Dessen Hain lag isoliert, war umzäumt, um Ungeweihten den Eingang zu erschweren und wurde nur zu bestimmten Zeiten von Auserwählten betreten. Auch in Zeiten der Gefahr berieten hier die Fürsten über das Wohl des Volkes. Wahrscheinlich war der heutige Harl dieser Berg, denn dessen Lage und Beschaffenheit entsprach diesen Be- dingungen.

Verwandte Völkerschaften hatten im Mittelpunkt ihres Ge- biets ein gemeinsames Heiligtum, und das war immer ein heiliger Hain mit einer heiligen Umzäunung, (Herche, herag, herige, herge, woraus vielleicht das Wort Kirche entstanden ist), denn Tempel hielten sie als unwürdig für ihre Götter, sie seien zu groß, um in Gebäuden von Menschenhänden wohnen zu können oder auch in menschlicher Gestalt abgebildet zu werden. Ernst religiöser Sinn und tiefe Frömmigkeit herrschten bei unsern Vorfahren; besonders heilig war ihnen die Ehe. Die Frommen und gefallenen Helden kamen nach Walhalla, wo ihnen die Götterbotin Iduna Un- sterblichkeit verlieh. Hier hatten sie alles im erhöhten Maße, was sie hienieden beglückte. Fromme Mädchen nahm Gefyon, die Beschützerin der Unschuld und Keuschheit, in ihren Palast auf, während die tugendhaften Frauen bei Freia ihr höchstes Glück

---

*) Unsere heutigen Osterfeuer stammen aus jener Zeit und erinnern an jene heidnische Sitte. Aus dem jüdischen Passah entstand Paschenberg.

fanden. Brave Leibeigene und treue Sklaven kamen bei Freir, dem
milden Bruder der Freia, zur Ruhe. Aber in dem Reiche der
Hela (Hölle?), der Tochter des bösen Loki (Lüge), welcher Odins
Sohn, den frommen Baldur erschlug, herrschte Qual und ewige
Finsternis, dahin kamen die Gottlosen und Feigen. Mit großer
Feierlichkeit wurden die Toten verbrannt und begraben, dann über
sie ein Hügel von Steinen und Rasen errichtet. Das sind die
Hünengräber. Ihre Feste hat das Christentum veredelt.

Alle germanische Völker hatten neben einem gewaltigen,
strotzenden Körper einen unauslöschlichen Trieb zur Freiheit, wes=
halb sie mit den herrsch= und eroberungssüchtigen Römern, als diese
etwa zur Zeit Christi den Rhein überschritten, um auch Germanien
(Deutschland) zu erobern, in lange und höchst blutige Kämpfe ge=
rieten, deren Ende die Rettung und Befreiung Deutschlands war.

Schon Drusus, der jüngere Stiefsohn und Liebling des
Kaisers Augustus, machte als Statthalter von Gallien (Frankreich)
kurz vor Christi Geburt 3 Feldzüge nach Deutschland. Beim dritten
überschritt er sogar die Weser und kam bis zur Elbe. Hier erschien
ihm nach römischen Berichten ein Weib von übermenschlicher Größe,
trat ihm entgegen und rief ihm zu: „Wohin willst Du, unersättlicher
Drusus? Das Schicksal erlaubt Dir nicht, alle diese Länder zu
sehen. Kehre um, denn das Ende Deiner Thaten und Deines
Lebens ist nahe." Erschreckt durch diese wunderbare Erscheinung
kehrte Drusus um, stürzte auf dem Rückzuge mit dem Pferde und
starb an den Folgen dieses Unfalls noch ehe er die Ufer des Rheins
erreichte.

Ihm folgte sein Bruder Tiberius, der nach Augustus
römischer Kaiser wurde, welcher weniger durch Waffengewalt als
durch List und Verrat seine Unterjochungspläne in Deutschland zu
erreichen suchte. Viele Fürsten und Völkerstämme in Deutschland
beugten sich auch schon unter dem römischen Scepter. Den unbeug=
samsten Nacken aber hatten die Cherusker, sie waren zu jener Zeit
der mächtigste und streitbarste Volksstamm und wohnten an beiden
Seiten der Weser, etwa vom heutigen Karlshafen bis unterhalb
Minden, zwischen dem Oberharz und dem Osning.

Neuerdings schreibt Straub=Passau darüber:
„Tiberius nahm im Jahre 4 n. Chr. die Cherusker in die
Freundschaft und Bundesgenossenschaft des römischen Volkes auf. Hier=
nach waren sie nur verpflichtet, unter heimischen Führern in selb=
ständigen Abteilungen den Römern bei ihren Kriegen eine gewisse
Anzahl Truppen zu stellen. Und das ist zweifellos der Fall ge=
wesen bei den Feldzügen der Römer in den Jahren 4—9 n. Chr.
gegen die Chauken an der Nordsee, gegen die Longobarden an der

2

unteren Elbe, gegen Marbod und seine Markomannen wie gegen die Völker in Pannonien.

Nach dem schlauen Tiberius und dem bei den Germanen beliebten Sentius Saturnius aber kann der grausame und geld=gierige Varus, der mit dem kaiserlichen Hause verschwägert war. Vellejus, welcher bei Tiberus in hoher Gunst stand und Varus wie auch wahrscheinlich Arminius kannte, berichtet: Varus kam als Statthalter aus Syrien und hatte dort zahlreiche Aufstände unter=drückt, die nach dem Tode des Königs Herodes, des bekannten Urhebers des Betlehemitischen Kindermordes, ausgebrochen waren, wobei er einmal 2000 Gefangene in Jerusalem ans Kreuz schlagen ließ; Varus habe ferner die reiche Provinz Syrien arm betreten und die arme Provinz Syrien reich verlassen.

Wie in Syrien so wollte Varus auch in Germanien seine Grausamkeit und Willkür durchsetzen, weshalb er harte Steuern forderte und die römische Gerichtsbarkeit in despotischer Weise ein=führte. Um seine Zwecke gründlicher zu erreichen, schlug er im Jahre 9 n. Chr. sein Sommerlager mitten im Cheruskerlande — es soll bei Rinteln gewesen sein — auf. Drei Legionen (die 17. 18. u. 19.) nebst Reiterei und Hülfsvölker, etwa 30 000 Mann, standen zu seiner Verfügung, um seine Exekutionen schonungslos durchzuführen.

Das entzündete nun in jedem Hause zwischen Harz und Rhein einen grimmen Haß.

Während dieser dumpfen Gährung erschien unter seinem Volke, vom römischen Kriegsschauplatze aus Pannonien zurückkommend, Arminius, jener glänzende Held, der vom Schicksal auserehen war, der Befreier seines Volkes von römischer Tyrannei zu werden, Arminius (Hermann) war als Sohn des Cheruskerfürsten Segimer 16 v. Chr. geboren, er war damals 25 Jahre alt und hatte als Führer einer cheruskischen Hülfstruppe seit dem Jahre 4 n. Chr. die Feldzüge der Römer mitgemacht, dazu das römische Bürgerrecht und die römische Ritterwürde erworben.

Sein Zeitgenosse und früherer Kriegskamerad Vellejus schreibt: „Unter den Germanen befand sich damals ein junger Mann, der mit dem römischen Bürgerrecht den Rang eines Ritters erlangt hatte, namens Arminius, ein Sohn des Segimer, eines Fürsten jenes Volkes. Er war von edlem Geschlechte, von tapferer Hand, schneller Auffassung und von einer Fertigkeit des Geistes im Er=finden und Entwerfen, wie sonst bei Barbaren nicht gefunden wird. Aus Antlitz und Augen leuchtete das Feuer seiner Seele. Früher hatte er unsere Feldzüge stets mitgemacht, jetzt benutzte er die Träg=heit des Feldherrn zu einer schlimmen That, richtig einsehend, daß niemand schneller vernichtet wird als der nichts Ahnende, und daß

Sicherheit häufig der Anfang des Unglücks ist. Zuerst teilte er seinen Plan nur wenigen, bald mehreren Genossen mit. Er behauptete mit der Kraft der überzeugenden Rede, die Römer könnten vernichtet werden."

Hermanns Absicht war ebenso gefahrvoll als kühn und großartig, denn die Römer waren den Germanen in der vorsichtigen Kriegführung, in der Disciplin der Truppen und in der Bewaffnung weit überlegen. Stets hatten sie ein mit Wall und Graben wohlbefestigtes Lager, sodann verfügten sie während des Kampfes immer über bereit stehende Reserven. Jede Legion war nämlich in 10 Cohorten und diese wieder in 3 Fronten eingeteilt, wovon 4 das erste, 3 das zweite und 3 das dritte Treffen bildeten. Die Krieger standen in kleinen Entfernungen neben einander. War die erste Front erschöpft oder zu sehr gelichtet, so trat die zweite und wenn nötig nachher die dritte war. Dagegen hatten die Germanen keine Reserven, sie hielten es für eine unerträgliche Schande, ruhig dabei stehen, während die Brüder kämpfen und bluten. Ihr Heer bildete regelmäßig drei Keile neben einander. Da deren Reihen nach hinten immer breiter wurden, so stießen sie schließlich zusammen. Dann folgte die übrige Masse des Heeres. Die Außenglieder der Keile waren mit langen Lanzen bewaffnet und an die Spitzen, die entweder aus einem oder aus zwei Streitern gebildet wurden, stellte man die stärksten Leute. In solchen Keilrotten, unter fürchterlichem Schlachtgeschrei anstürmend, durchbrachen die Germanen regelmäßig die erste feindliche Schlachtreihe. Aber schon vor der zweiten gelangten sie, indem sie gleichfalls von den noch kampffähigen Truppen der durchbrochenen ersten Schlachtreihe in den Flanken gefaßt wurden, zum Stehen, dann wurden sie schließlich durch das Eingreifen frischer Reservetruppen und der Kavallerie aufgerollt und zum Weichen wie zur Flucht gebracht. Und weil man im Altertum den Feind nicht nur besiegen, sondern auch vernichten wollte, so fing dann seitens der Römer die schreckliche Menschenschlächterei an. Hiernach ist es erklärlich, daß bei Aix 102 v. Chr.), bei Vercelli (101 v. Chr.), bei Besancon (58 v. Chr.) je über 100 000 gefallen sind, daß man mit den Leichen die Felder düngte und mit den Knochen die Weinberge umzäunte. Hat doch Germanicus in der Schlacht am Angrivarierwalle seinen Kriegern zugerufen: „Mordet nur zu, ich bitte Euch, wir brauchen keine Gefangenen. Dieser Krieg ist nur zu Ende, wenn das ganze Germanenvolk ausgetilgt ist."

Ueberlegen waren ferner die Römer durch ihre unvergleichliche Schulung und Disciplin, während das Freiheitsgefühl der Germanen alle Disciplin unmöglich machte.

Endlich war die Bewaffnung der Römer ganz vorzüglich, sie trugen eherne Helme, Schilde, Beinschienen, Panzer, die bei

2*

den Offizieren oft sehr kunstvoll waren; dann hatten sie einen etwa 2 m langen Wurfspeer mit eiserner Spitze und ein circa 60 cm langes, grades und zweischneidiges Schwert mit scharfer Spitze. Dagegen trugen die Germanen nur große Schilde, etwa 1 m breit und 2 m lang, einen kurzen (1 m lang) hellebarden= ähnlichen Spieß, geeignet zum Hieb, Stoß und Wurf. Daneben kommen Keulen und Streitäxte vor. Die Bewaffnung war bei ihnen schon deshalb mangelhaft und ungleichförmig, weil jeder sich selber bewaffnen mußte. Doch an Größe, Körperstärke und Gewandtheit waren die Germanen den Römern überlegen. Diese Eigenschaften erregten die staunende Bewunderung der Römer. Männer von 7 Fuß war etwas Gewöhnliches, der Gothe Maximus, welcher im römischen Heere diente und sich bis zum Kaiser emporschwang, soll sogar 8 Fuß hoch gewesen sein.

Nur einem Armin, der mit allen diesen Faktoren zu rechnen verstand, war es möglich, das Werk der Befreiung auszuführen, denn er hatte in Rom nicht nur römische Kriegskunst, sondern auch römisches Leben, eine maßlose römische Herrschsucht und Sittenver= derbnis kennen gelernt, dabei aber seine ächt deutsche Gesinnung sich stets bewahrt; außerdem ragte er an Tüchtigkeit des Körpers wie der Seele vor seinem Volke besonders hervor. Indes Segest, auch ein Fürst unter den Cheruskern, der aber ein ebenso großer Freund der Römer als Feind Arnims war, letzteres aus dem Grunde, weil dieser ihm die zur Gattin verweigerte Tochter Thusnelda mit Gewalt entführt hatte, war ihm höchst gefährlich, während freilich die übrigen Cherusker, Angrivarier, Brukterer, die an der Lippe wohnten, Marsen, die im heutigen Osnabrückschen lebten und die Chatten, die Stammväter der heutigen Hessen, auf Hermanns Ruf zur Hülfe herbeieilten. Segest war es nämlich, der am letzten Abend vor der Ausführung des Planes, als er und die übrigen Cherusker= fürsten, wie auch Arnim, bei Varus im Sommerlager als Gäste zur Tafel waren, wie dies häufig geschah, dem Varus verriet, daß eine Rebellion gegen ihn im Werke sei. Da letzterer aber die Feindschaft zwischen Segest und Arnim und deren Grund kannte, so glaubte er nicht daran. Als dann Segest die Dringlichkeit der Sache betonte und verlangte, ihn, Arnim und alle cheruskischen Anführer in Fesseln zu legen bis die Angelegenheit untersucht sei, konnte der schwerbewegliche Varus einen solchen energischen, aber richtigen Entschluß nicht fassen, vielmehr versprach er, die Sache demnächst zu untersuchen.

Hermann wollte also sein Werk mit List beginnen. Bei einer Gerichtsverhandlung im Teutoburgerwalde erschienen daher sehr zahlreich die beiden streitenden Parteien der Cherusker nebst vielen Zuhörern, was Varus gern gestattet hatte, um als Prokonsul und Feldherr von dem errichteten Throne herab seine Macht jedermann zu zeigen. Als dann der Herold Ruhe gebot und die Parteien vor das Tribunal citierte, gab Hermann das Zeichen des Losbruchs. Entsetzen, Geheul, Blut, Mord, Leichen, von allen Seiten Verstärkung und darum noch größere Verwirrung waren jetzt an der Tagesordnung, bis es endlich Varus und vielen Römern gelang zu entfliehen. An den beiden darauf folgenden Tagen erneuerte sich in allen Schluchten des Waldes der Kampf bis er mit der völligen Niederlage der Römer endete."

Nach andern Berichten kam in diesem düsteren Walde nicht nur die Wut der Germanen, sondern auch des Himmels Zorn über die Römer, denn ein entsetzliches Unwetter brach herein, welches die Bäume entwurzelte und den Boden unter den Füßen der Römer im Morast verwandelte. Dabei stürzten die Germanen wie wütende Löwen von den Höhen und Bergen herab und vernichteten mit ihren wuchtigen Keulenschlägen die einzelnen Heerhaufen der durchziehenden Römer. Die Begeisterung der Germanen, ihre Freiheit zu erkämpfen, war stärker als der Mut, welchen die Verzweiflung den Römern eingab. Drei Tage, von 9.—11. September im Jahre 9 n. Chr., dauerte dieses grausige Abschlachten, dann erst war das beste Römerheer vernichtet.

Der Kampfplatz erstreckte sich bis in die Berge am linken Weserufer. Die Leichen der Römer versperrten jeden Weg, weshalb nur wenige entflichen konnten. Varus wollte diese große Schmach nicht überleben, er stürzte sich deshalb am dritten Schlachttage in sein eigenes Schwert. Die Rache der gereizten Germanen kannte keine Mäßigung. An den zu Ehren ihrer Götter errichteten Altären wurde das Blut der gefangenen römischen Kriegsobersten vergossen; andere wurden an Bäume gehenkt und die verhaßten Sachwalter (Juristen) der Römer wurden schmählich verstümmelt. Der übrigen Gefangenen harrte das traurige Loos einer harten Sclaverei. Die Leichen der erschlagenen Römer ließen die Sieger liegen, dagegen die Leichen der gefallenen Brüder verbrannten und begruben sie, sammelten ihre Asche in Urnen, errichteten darüber Totenhügel und veranstalteten dabei ergreifende Klage und Trauerfeste.

So groß sonst in den Gauen Deutschlands die Freude war, so groß aber war auch der Schrecken in Rom. Der Kaiser Augustus verlor sogar alle Besonnenheit und schrie wie ein Wahnsinniger: „Varus, Varus, gieb mir meine Legionen wieder." Ja in Rom fürchtete man, die Germanen würden nun die Römer in ihrem eigenen Lande aufsuchen, doch jene waren zufrieden, den vaterländischen Boden von fremden Tyrannen befreit zu haben. Auch entstand unter den germanischen Fürsten Neid und Zwiespalt. Die

Feindschaft zwischen Hermann und Segest steigerte sich sogar bis zum offenen Kampf zwischen beiden.

Als im Jahre 14 nach Chr. der Kaiser Augustus gestorben war, folgte ihm Tiberius, der seinen Neffen Germanicus (Drusus Sohn) nach Deutschland schickte, um hier die Schmach des Varus zu rächen. Auf seinem ersten Zuge verwüstete er die Gauen der Marsen, auf dem zweiten die der Chatten, dann eilte er dem Segest zur Hülfe, welcher auf seiner Burg von Hermann belagert wurde. Germanicus entsetzte die Burg und befreite Segest, dieser übergab ihm die schwangere, unfreiwillig bei ihm verharrende Thusnelba.

Bei der Nachricht, daß sein Weib und sein ungeborenes Kind in die Knechtschaft geführt worden, durcheilte Hermann abermals die Gaue der Germanen und rief zu den Waffen und zur Rache gegen die verrätherischen Räuber. Alle scharten sich um ihren bewährten Führer. Germanicus war inzwischen wieder über den Rhein zurückgezogen, kam aber bald mit 4 Legionen zu Schiffe wieder und landete an der Mündung der Ems. Von hier zog er mit seinen Scharen an der Ems herauf durch den verhängnisvollen Teutoburger Wald und kam auf den Platz der römischen Schmach. Sechs Jahre waren zwar seitdem verflossen, aber der Anblick der hier gehäuften, dort zerstreut umherliegenden, verwesten Gebeine und Schädel der Gefallenen wie der zerbrochenen Waffen war so furchtbar, daß Schmerz und Entsetzen das ganze Heer ergriff. Nachdem die Römer diese traurigen Ueberreste bestattet hatten, kam es bald zu einem blutigen Gefecht gegen Hermann, welches zwar nach römischen Berichten unentschieden blieb, doch aber den Erfolg hatte, daß die Römer sogleich den Rückzug antraten.

Mit verstärkter Macht kam Germanicus im folgenden Jahre (16 n. Chr.) abermals zu Schiffe an den Ausfluß der Ems, landete und zog längs dieses Flusses bis an die Weser. Acht Legionen und zahlreiche germanische und gallische Bundesmannschaft, wohl 90,000 Mann führte er auf das Idistavisusfeld. Hier am rechten Ufer der Weser, auf der Ebene des heiligen Hohensteins und Paschenberges stand Hermann kampfbereit mit seinen Germanen. Im Lager der Römer am linken Weserufer war auch Flavus, ein Bruder Hermanns, der zu den Führern der Römer zählte und dessen Brust glänzende Orden schmückten. Der trat hier an den Fluß und forderte seinen Bruder am jenseitigen Ufer auf, doch die rohen Germanen zu verlassen, mit seinen reichen Kenntnissen in römische Dienste zu treten, wo hohe Orden und reiche Aemter, großer Ruhm und Glanz seiner harrten. Aber der edelste deutsche Jüngling, in dessen Seele tiefster Tiefe nichts als deutsche Gesinnung und Abscheu gegen alles Römische wohnte, weist hier in heiligster Entrüstung alle Verlockungen und Versprechungen zurück, die er vom Feinde Deutschlands durch den treu-

losen Mund des entarteten Bruders bekommt. Vielmehr beschwört
er mit glühenden Worten den verrömerten Bruder beim Schmerz
der eigenen Mutter, beim Namen des hochherzigen Vaters, beim
heiligen Blute der eigenen Brüder, bei der uralten deutschen Freiheit,
welche das unveräußerliche Erbteil der unsterblichen Väter sei, beim
alten Glauben der ruhmreichen Vorfahren, beim gerechten Zorne
der heimischen Götter das Schwert in der deutschen Faust auf
heimatlichem Boden nicht gegen das eigene Volk zu führen,
nicht das Grab der glorreichen Ahnen zu entweihen, nicht
Bruders Blut zu verraten und zu vergießen, nicht den
deutschen Namen mit ewiger Schande zu beflecken und
nicht römische Tücke und Herrschsucht für deutsche Ehre
und Treue aus zu bieten. Und diese Worte zünden auf gegne-
rischer Seite so sehr, daß Flavus nach Schwert und Spieß greift,
um den Fluß zu durchwaten und einen grimmigen Zweikampf mit
dem Bruder zu beginnen. Doch die Römer halten den treulosen
und einäugigen Flavus im düstern Drange von diesem frevlen
Beginnen zurück, vielmehr überschreiten sie in zahlloser Menge den
Fluß und gelangen auf das Idistavisusfeld. Wie Tacitus berichtet, lag dieses Feld zwischen der Weser und den Hügeln oder
Anhöhen — das sind wahrscheinlich die Höhen von Krückeberg
und Weibeck sowie die jetzt angebauten Felder von Welsede,
Oldendorf, Segelhorst, Wickbolsen, Bensen, Höfingen,
Stau und Fischbeck. — und grenzte an ein Waldgebirge, in
welchem die Führer der Germanen sich versammelt hatten, um einen
nächtlichen Ueberfall gegen das römische Lager zu beraten. — Da die
Römer mit ihrem Herkules bei den sogenannten barbarischen Völkern
den Sonnendienst bezeichneten, so ist unzweifelhaft hier das Waldgebirge Sonnenthal, (Suntal, Süntel) gemeint.

Kampfbegierig erwarteten die Germanen auf dieser gleichsam
gewundenen Ebene den Feind. Die Cherusker hatten die Höhen
besetzt. Germanicus mußte im Angesicht seiner Feinde den Uebergang über die Weser versuchen, und um ihn zu sichern, ließ er
die Reiterei unter Stertinius und Aemilius übersetzen, während
Cariowalda, Führer der Bataver, um die Macht des Feindes zu
teilen, an einer entfernteren Stelle oberhalb den Fluß durchschwamm.
Die Bataver wurden dann von den Germanen in eine waldum-
grenzte Ebene gelockt, — zwischen Fischbeck und Hameln — sogleich
angegriffen und niedergehauen. Nun bewirkte Germanicus den
Uebergang des Heeres auf schnell erbauten Brücken und schlug im
Angesichte der Feinde auf dem Idistavisusfelde sein Lager auf.
Dann begann die Schlacht morgens 11 Uhr und dauerte bis in
die Nacht hinein; sie war sehr blutig und von zweifelhaftem Erfolge.
Hermann wurde am rechten Oberarm verwundet.

Die Ueberlegenheit der Römer an Zahl und Kriegskunst einerseits sowie das tollkühne und ungestüme Vorgehen der Germanen andererseits mag es nach entsetzlichem Ringen den Römern endlich möglich gemacht haben, das Schlachtfeld zu behaupten und auf demselben ein prahlendes Siegeszeichen zu errichten, worauf zu lesen stand, daß alle Völker zwischen Weser und Elbe nunmehr bezwungen seien; allein der Erfolg zeigte, daß die Kraft der Germanen durchaus nicht gebrochen war und daß diese Schlacht als die eigentliche Rettung Deutschlands von den Banden der Römer betrachtet werden muß, denn die Römer „concentrieren sich sofort rückwärts" und eilen nach der Nordsee zu ihren Schiffen. Hermann dagegen verfolgt sie und greift sie mit seinem noch nicht geheilten Arm abermals an, ehe sie das Steinhuder Meer erreicht haben.

Ob Sieg oder Niederlage auf dem Idistavisusfelde, kann uns gleichgültig sein, denn gewiß ist, daß die Römer eiligst nach der Nordsee flohen und ihre Schiffe aufsuchten, daß Sturm und Unwetter auch ihre Flotte zerstörte und daß seit dieser Zeit die römischen Legionen nicht wieder nach Deutschland kamen.*)

Grade durch diese Kämpfe nimmt das mittlere Wesergebiet wie auch unser Weserthal und die ganze Grafschaft in der Welt- und vaterländischen Geschichte den ehrenvollsten Platz ein, denn hier steht die Wiege der deutschen Geschichte. Hier waren die mörderischen Kämpfe, welche über die spätere Weltherrschaft entschieden; hier gerieten die gewaltigen Säulen der ewigen Roma durch germanische Kraft und Stärke derart ins Wanken, daß ihr Sturz nach einigen Jahrhunderten sicher erfolgen mußte. Denn hier bekämpfte und besiegte der unsterbliche deutsche Hermann mit seinen tapferen Cheruskern und deren Verbündeten die bis dahin in 3 Erdteilen siegenden römischen Legionen des mächtigen Kaisers Augustus. Was also die übrigen Völker Europas, Asiens und Afrikas nicht vermochten, das vollbrachte hier der starke Arm unserer Väter und zwar zu einer Zeit, als das römische Reich auf der höchsten Spitze seiner Macht stand. Darum steht hier nicht nur die Wiege der deutschen Geschichte, sondern diese erhielt auch hier ihre Taufe durch Römerblut, denn hier rangen die alten Germanen im heißen Kampfe um die hehre und tugendreiche Germania, mit welcher sie nun für ewige Zeiten den

---

*) Das berühmte Schlachtfeld Idistavisus sind wahrscheinlich die Fluren, welche zwischen Paschenburg und Hohenstein einerseits und der Weser andererseits liegen, das ergiebt sich 1) aus dem Marsche des Germanikus, 2) aus der genauen Uebereinstimmung der von Tacitus angegebenen Oertlichkeiten, 3) aus dem Namen Idistavisus selbst und 4) aus der Benennung des Gebirgszuges. Ebenso ist der andere Wahlplatz in der Gegend von Neundorf, in der Nähe des Iddenser Moores und des Steinhuder Meeres zu suchen.

Bund der Vermählung schlossen. Und dieser Bund ist mit deutschem Blute gefeit und mit römischem Blute besiegelt worden. Welch ein blutiger aber auch herrlicher Waffentanz, welch ein urdeutsches Fest war das! Germania, die hehre und tugend= reiche, auf ewige Zeiten unser und heute strahlender als je! Aber welch wunderbare Fügung Gottes sehen wir hier zu= gleich. Als nämlich im Orient das Licht der Welt vom Himmel kam, um demnächst ein wahres Licht für die dunkelsten und ent= ferntesten Hütten zu sein, da erscheint auch das Licht in der deutschen Geschichte; Licht in der Geschichte des Volkes, das an Stelle des Volkes Israel berufen war, ein auserwähltes Rüst= zeug in der gewaltigen Hand Gottes zu sein, das ferner auserkoren sein sollte, zur Ehre Gottes und zum Heile der Mensch= heit den Erdball zu beherrschen; denn jene blutigen Kämpfe geschahen zur Zeit Christi, sie veranlaßten den späteren Verfall des römischen Weltreichs und legten zugleich dadurch den Grund zu der späteren germanischen Weltherrschaft. Dieser Wechsel trat nach Gottes weiser Fügung aber erst dann ein, nachdem die germanischen Völker von den Römern nicht nur die orientalische Kultur, sondern auch das Christentum erhalten hatten; nachdem also die großartigste und er= greifendste Tragödie auf Golgatha zur Thatsache geworden war.

Wie hierdurch und von hieraus die Kulturgeschichte der Völker eine neue Grundlage bekam, so erhielt von den Wäldern der Weser aus die Weltgeschichte durch unsern Hermann eine neue Richtung. Selbst der Römer Tacitus sagt, daß Hermann unzwei= felhaft der Befreier Germaniens sei, daß er das römische Reich in seiner Blüte bekämpft habe, daß er zwar in Schlachten nicht immer, wohl aber im Kriege unbesiegbar gewesen sei.

Ob darum seit 18. Jahrhunderten der welsche Feind auch in anderer Gestalt mit „großer Macht und vieler List" es versuchte, uns zu verschlingen; ob auch eine Welt voll Feinde war, das Werk Hermanns zu vernichten, es war und wird so lange alles ver= gebens sein, so lange Hermanns Geist in uns lebt und so lange wir ein Verständnis für seine Thaten haben.

Wenn man aber diesem Hermann erst in unserer Zeit, also nach 1800 Jahren ein Denkmal setzte, so folgt daraus, daß das „römische Reich deutscher Nation" dazu nicht veranlagt war. Solch einen Akt der Pietät und Dankbarkeit, solch ein richtiges Verständnis konnte nur ein „deutsches Reich, ein Kaisertum der Hohenzollern" bewei= sen. Es hatte daher eine tiefe Bedeutung, daß dieses Denkmal am 16. Au= gust 1875 in Gegenwart unseres greisen Heldenkaisers Wilhelm I. ent= hüllt wurde, denn dieser wirklich große Kaiser zeigt uns darin seinen klaren Blick für große Männer und sein richtiges Verständnis für große Ereignisse. Lernen auch wir die großen Thaten unserer Väter allezeit richtig verstehen und würdigen, so ist das ein lebendiges, also das beste Denkmal für unser'n Hermann. Dann sind auch unsere teuersten Güter gewahrt und wir können mit Vater Luther sagen: „Das Reich muß uns doch bleiben." —

Viele Ortsnamen hiesiger Gegend erinnern noch an jene Kämpfe z. B. Varenholz (Varusholz?) der dort fließende Blutbach; das Totenthal, welches ebenfalls seinen Blutbach hat; Namen einiger Feldfluren in unserer Gegend 2c.; ferner sind hier sichtbare Spuren alter Römerschanzen wie auch römische Münzen und Waffen aus= gegraben.

Endlich hat hier das Volk trotz der vielen geographischen Grenzen am meisten die Erinnerungen ältester Zeiten und eine Menge alter Sitten und Gebräuche bewahrt, welche in andern Gegenden längst erloschen sind. Denn daß unser Osterfest, welches seinen Namen von der Göttin Ostara hatte, schon lange vor dem Christentum ein altgermanisches, heiliges Fest, ein Frühlings= fest, das Auferstehungsfest der Natur war; daß unsere heutigen Osterfeuer daran erinnern und daß dieselben nirgends so zahlreich und so hell als bei uns lodern, das steht unzweifelhaft fest. Auch lebt im Kindermund hiesiger Gegend noch folgender merkwürdige, an Hermann erinnernde Abzählungsspruch:

Hermann,
Schlauk Lerm an
Mit Pipen un Trummen,
De Kaiser is kummen
Mit Hammer und Tangen;
Will Hermann up hangen. —

Als dann nach Hermanns Tode (21 n. Chr.) Chatten und Cherusker einander bekämpften, unterlagen endlich letztere, so daß sie seit 88 n. Chr. ganz aus der Geschichte verschwanden. (An diese Kämpfe und Zeiten dürften vielleicht die noch heute in der Grafschaft gebräuchlichen Namen Cattenbruch, Catternhagen — Ca- thrinhagen — Cattenmeer 2c. erinnern, auf welch letzteres noch heute das in Rinteln sich befindende „Seethor" hinweist.) Später, nament= lich zur Zeit der Völkerwanderung, verschwanden auch die Chatten im Frankenbunde und die Angrivarier mit ihren Nachbarn im Sachsenbunde.

Während der Völkerwanderung sind hier auch die Longo= barden ansässig gewesen, denn die Endung „ingen" bei manchen Ortsnamen (Heslingen, Hemeringen, Höfingen 2c.) erinnert an eine Lombardenzeit. Im 6. Jahrhundert zog dieses Volk dann nach Italien.

Die Völkerwanderung ist überhaupt für die germanischen Stämme der Läuterungsprozeß, wodurch sie wie das Eisen von den

Schlacken gereinigt und gestählt wurden, um die Mission erfüllen zu können, zu welcher einst das Volk Israel berufen war. — Der Sachsenstamm wurde seit dieser Zeit in Norddeutsch= land der herrschende, seine Herrschaft erstreckte sich von der Nordsee bis nach Thüringen, von dem Rhein bis zur Elbe. Die Sachsen sollen schon Alexander d. Gr. auf seinen Kriegs= zügen begleitet und mit ihm die Welt erobert haben. Nach Widu= kind von Corvey (ein Zeitgenosse Kaiser Ottos I.) wanderten die Sachsen von der Ostsee her ein. Er erzählt nämlich:

„Nach alten Sagen der Sachsen kamen diese einst auf Schiffen und landeten bei dem Orte Hadolaun (Land Hadeln). Die Bewohner dieses Landes aber, welches die Duringer (Thüringer) gewesen sein sollen, wollten sie auf ihre Schiffe wieder zurück treiben; dagegen leisteten die Sachsen den heftigsten Widerstand. Endlich bewilligten ihnen die Thüringer einen bestimmten Platz an der Küste, wo sie kaufen und verkaufen durften, doch sollten sie sich der weiteren Er= oberungen und des Raubes enthalten. — Da geschah es eines Tages, daß ein sächsischer Jüngling mit vielem Golde geschmückt von den Schiffen an das Land stieg und einen Thüringer antraf, welcher sofort erstaunt fragte: „Was willst Du mit der Menge Gold um Deinen mageren Hals?" Der Sachse antwortete: „Ich suche einen Käufer und belaste mich nur deshalb mit diesem Golde, weil mich dasselbe weder sättigen noch erfreuen kann, ich aber vom Hunger bitter geplagt werde." Der Thüringer forschte nach dem Preise, worauf der Sachse erklärte: „Der Preis kümmert mich wenig, dankbar nehme ich an, was Du mir geben willst." Scher= zend erwiderte jener und wies dabei auf einen nahen Erdhaufen hin: „Was würdest Du sagen, wenn ich Dir diesen Erdhaufen da= für anböte." Ohne Zaudern öffnete der Sachse sein Gewand, ließ sich seine vielen Taschen mit dieser Erde füllen, gab sein Gold dafür und sagte: „Also diese Erde ist mein." Beide eilten dann hoch erfreut zu den Ihrigen zurück. Der Thüringer wurden von den Seinigen belobt, daß er den Sachsen so fein betrogen habe; dagegen wurde der Sachse, als er zwar mit Erde schwer beladen aber ohne Gold zu den Schiffen seiner Stammesgenossen zurück= kehrte, von diesen seines Tausches wegen teils verlacht, teils für irrsinnig gehalten. Doch der Jüngling gebot Ruhe und sprach: „Bald sollt Ihr Euch überzeugen, meine lieben Sachsen, daß meine Thorheit eine Klugheit war und Euch von großem Nutzen sein wird, folget mir deshalb nach." Kopfschüttelnd thaten sie das. Er aber nahm seine Erde, streute sie so dünn wie möglich über die benach= barten Äcker und Wiesen und nahm dann Besitz davon, weil hier seine eigene und wohl erworbene Erde lag, daher der Grund und Boden ihm gehörte; auch ließ er hier sofort ein Lager aufschlagen.

Als die Thüringer das sahen, schickten sie Boten hin und beklagten sich, daß die Sachsen den Frieden gebrochen hätten. Diese aber erwiderten, sie hätten den Frieden nicht gebrochen, sie behaupteten nur den für ihr Gold erworbenen Grund und Boden und würden solchen gegen jede Gewalt verteidigen. Nun verwünschten die Thüringer das sächsische Gold und beschimpften den, welchen sie vorher so klug und glücklich gepriesen hatten. Dann griffen sie voll Ungestüm zu den Waffen; die Sachsen waren indes auf diesen Kampf vorbereitet, sie warfen die Feinde zu Boden und nahmen nach dem Kampfe noch von den nächsten Umgebungen Besitz. Nach weiteren Kämpfen beschloß man, sich zur bestimmten Stunde zu einer Zusammenkunft unbewaffnet einzufinden, um dann über einen neuen Frieden zu verhandeln. Doch die Sachsen brachten unter ihren Kleidern ihre gewöhnliche Waffe, große Messer, mit, zogen im gegebenen Augenblick dieselben hervor und stießen sämtliche Thüringer nieder. Nun drangen die Sachsen erobernd weiter vor, bis sie westlich auf die Franken stießen, die setzten ihrer Eroberung ein Ziel."

Nachdem die Sachsen Norddeutschland erobert hatten, nannten sie sich und die unterjochten Völkerstämme westlich von der Weser Westfalen, dagegen östlich von der Weser bis zur Elbe Ostfalen. Die Angrivarier oder Engern, zu welchem Stamme der Herzog Wittekind gehörte, wohnten an beiden Ufern der Weser bis zum nördlichen Abhange des Wesergebirges und zählten zu den Westfalen.

Das Land östlich von der Elbe, welches von seinen deutschen Völkerschaften ebenfalls bei der Völkerwanderung verlassen war, nahmen vom fünften bis achten Jahrhundert wendische Völker (Slaven) in Besitz; demnach wohnten die Sachsen zwischen Franken und Wenden.

Wie schon bei den Sueven kurz vor Christi Zeit, so war auch bei den Sachsen die Gauverfassung üblich, denn der Maurenbändiger Karl Martell findet schon die Gaue vor, als er 721 die Sachsen bekriegte. Diese Gauverfassung scheint eine altgermanische Eigentümlichkeit und bei allen germanischen Völkern Sitte gewesen zu sein. Jeder Gau hatte seinen Gaugrafen, welcher auch an der Spitze der Verwaltung stand und an öffentlicher Stätte (Mal) Gericht abhielt. In unserer Gegend schied die Weser zwei Gaue, das Land am linken Weserufer, etwa von Hameln nach Blotho hieß Ostergau (von der Göttin Ostara), und das Land am rechten Weserufer, etwa von Hameln längs dem Deister bis zur Porta, hieß Buckigau (von den herrlichen Buchen, welche hier in seltener Größe und Schönheit wuchsen, wovon man sich noch heute überzeugen kann).

Nachdem die Sachsen ihre Stammesgenossen, die früheren germanischen Völkerschaften, unterjocht hatten, wurden die Sieger die Grundherrn des Bodens und die Besiegten ihre Dienstleute, dadurch entstand ein gewisses Abhängigkeitsverhältnis unter den Bewohnern und dieses leitete zu der späteren Meierverfassung über, welche hier völligen Eingang fand, als auch das Lehnsverhältnis aus dem Frankenreiche zu uns herüber kam.

Einführung des Christentums.

War namentlich in unserm Thale die Weser früher schon durch Römerblut rot gefärbt, hatten schon die länderfüchtigen Frankenkönige Chlotar I. 553, Dagobert 630, Karl Martell 721 und dessen Sohn Pipin der Kleine 753 ihre Waffen bis an die Ufer der Weser getragen, — der letztere drang nach wiederholten Feldzügen 756 bis in die Gegend von Minden und Rehme vor und legte den überwundenen Sachsen einen jährlichen Tribut von 300 Pferden auf, — so sollte diese wiederum in unserm Thale im 8. Jahrhundert durch Franken und Sachsenblut schauerlich mit Blut getränkt werden; denn Karl der Große, ein Sohn Pipins d. Kl., führte gegen die Sachsen einen 30jährigen Krieg, um sie zu unterjochen und zur Annahme des Christentums zu zwingen. Mag dieser Zweck ein edler sein und sind wir ihm auch Dank schuldig, diesen Zweck endlich erreicht zu haben, so sind die Mittel, durch welche er den Zweck erreichen wollte, doch niemals zu billigen. Diese Gesinnungs- und Handlungsweise reihet ihn unbedingt in die Reihe jener Eroberer der alten Welt, welche nur ihre Macht und Herrschaft auszudehnen suchten; denn der göttliche Stifter des Christentums hat nicht wie Muhamed gesagt, seine Lehre durch Feuer und Schwert zu verbreiten, sondern er hat nach dem Wesen seiner unaussprechlichen Liebe ausdrücklich geboten, seine Lehre nur durch das zweischneidige Schwert, durch das Wort auszubreiten. Und als Petrus für ihn das Schwert zieht, sagt er ihm: Stecke Dein Schwert wieder in die Scheide, denn wer das Schwert nimmt, der soll durch das Schwert umkommen. Friedenverkündend ist Christus gekommen, und friedenverkündend ist er geschieden; nichts als Frieden hat er gebracht, nicht aber den Krieg. Wo also Hader, Mord und Zwietracht, Mißgunst, Neid und Verfolgung walten, da ist kein Christentum. — Außerdem macht Karl d. Gr.

in diesem Kriege sich höchst blutiger, ja unmenschlicher Thaten schuldig, die weniger auf einen wahren Christen als vielmehr auf einen rücksichtslosen Eroberer schließen lassen. Nun, hierüber endgültig zu richten, müssen wir dem Höchsten überlassen, der die Herzen der Menschen prüfet und die Geschicke der Völker lenket, wie Wasserbäche. Wir sind Karl immerhin Dank schuldig, weil durch ihn das Christentum in Deutschland für alle Zeit befestigt wurde.

Karl begann seinen Krieg gegen die Sachsen 772, er mußte viele Feldzüge gegen sie unternehmen, denn kehrt er auch jedesmal als Sieger über den Rhein zurück, um auch in Gallien, Italien und Spanien seine Macht zu befestigen und Herrschaft auszubreiten, so empörten sich doch jedesmal die Sachsen, um das verhaßte fränkische Joch abzuschütteln. Besonders konnte der freie Bewohner an der Weser seinen Nacken nicht beugen unter einem fremden Joche, und hartnäckig wollte er seine uralten Götter behalten. Als Karl daher 775 nach dem schwer erkauften Siege am Brunsberge bei Höxter gen Osten bis zur Oker vordang, um Bruno, den Bruder oder Schwager Wittekind's zu verfolgen, kam er auf seiner Rückkehr in den Buckigau, also an den heutigen Bückeberg, um hier die Huldigung und Geißeln der Engern zu empfangen. Der scheinbare Friede wurde aber noch während der Unterhandlungen dadurch gebrochen, daß die Sachsen am linken Weserufer das Standlager Karls bei Luddiki (dem heutigen Lübbecke) überfielen und die Besatzung niedermetzelten, worauf der Kampf abermals mit großer Erbitterung begann. Seit dieser Zeit wird Wittekind*) als Herzog der Sachsen genannt.

Im Jahr 779 stand Karl schon wieder in unserm Thale im Lager bei Madofulli (wahrscheinlich Fuhlen). Auch hier huldigten ihm die Agrivarier und Ostfalen. Dann zog sich der Krieg nach andern Gegenden des Sachsenlandes hin, bis 782 wieder ein fränkisches Heer in unserm Thale erschien, welches aber diesesmal gänzlich vernichtet wurde.

Es war ein auserlesenes Heer, das gegen die heidnischen Sorben und Wenden kämpfen sollte, welche die Elbe beherrschten; es lagerte auf dem Felde, auf welchem vor 766 Jahren Germanikus, ebenfalls im Begriff bis zur Elbe vorzudringen, mit Arminius kämpfte. Karl selbst war nicht zugegen, aber drei seiner erprobten Feldherrn, Adalgis, Geilo und Warand führten das stattliche Heer. Doch Wittekind, ein zweiter Armin, hatte unbemerkt seine schnell zusammengerufenen Sachsen auf den bewaldeten Höhen des Hohensteins gesammelt, und als nun das Frankenheer in die Schluchten

---

*) Siehe Anhang 2.

desselben eindrang, um die jenseitige Ebene zu gewinnen, fiel Wittekind mit seinen erbitterten Schaaren von den Höhen herunter, verschloß den Rückzug und bereitete hier dem fränkischen Heere eine völlige Niederlage. —

Geht man von dem Dorfe Zersen durch den Lichtgrund, in dem man dem Bache folgt, so gelangt man am Ausgang des Gebirges in das Totenthal mit dem Totenborn, woran das Feld stößt, auf welchem die Niederlage vollendet wurde. Die Sieger nannten es spöttisch das Dachtelfeld,*) und so heißt es noch heute. — Hier fielen Geilo und Adalgis, mit ihnen vier Unterfeldherrn und viele aus den edelsten Geschlechtern der Franken. Nur wenige konnten sich durch eine schnelle Flucht über die Weser retten, um über Lippspringe nach Paderborn zu eilen, wo Karl gerade im Glanze seiner Macht und in großer Versammlung die Gesandten der Hunnen, des Dänenkönigs und des Königs von Asturien und Gallicien empfing, welche kostbare Geschenke überreichten. Karl vernahm hier die Schreckenskunde von der Niederlage am Süntel, aber nicht wie einst Augustus überließ er sich dieserhalb einem endlosen Jammer und der Verzweiflung, sondern das Blut der gefallenen Helden rief in seinem Herzen nach Sühne und erweckte in ihm sofort den Gedanken der furchtbarsten Rache. Wie ein Donner rollte er in seinem Zorn durch das Weserthal bis an die Aller. Hier wurde in Verden ein schreckliches Strafgericht gehalten, 4500 Sachsen wurden enthauptet und Tausende aus den heimatlichen Gauen fortgeführt.

Nach diesem entsetzlichen Drama zu Verden eilte Wittekind wie einst vor 800 Jahren Herrmann von Gau zu Gau, von Ort zu Ort und predigte mit brennendem Eifer und beredten Worten den heiligen Befreiungskrieg gegen die Franken. Nun mußte der blutriefende Frankenkönig den Entscheidungskampf wagen. Zuerst folgte 783 ein dreitägiger, mörderischer Kampf bei Tietmelle (Detmold), also auf den Gefilden der verhängnisvollen Varusschlacht, welche unentschieden blieb. Dann kam es an der Hase bei Osnabrück zu einer zweiten Schlacht, in welcher Wittekind weichen mußte. Dieser zweifelte nun an der Macht seiner Götter und er wie die meisten Sachsen ließen sich bald nachher taufen und wurden Christen.

Der Wittekindsberg bei Minden erinnert noch heute an jenen mächtigen und tapferen Sachsenherzog, der auch über unsere Gegend herrschte. Eine Sage behauptet, Wittekind sei auf diesem Berge getauft. Nach der verlorenen Schlacht an der Hase sei er nämlich in seine Heimat entflohen, (er wohnte in Enger bei Herford); still, einsam und ratlos habe er dann häufig das Dunkel der Berge

---

*) Dachtel heißt: schwerer Schlag, Ohrfeige.

aufgesucht, um darüber nachzudenken, ob der Gott der Franken wirklich stärker sei als die Götter der Sachsen. So schon zweifelnd an der Macht seiner alten Götter, begegnete ihm eines Tages da, wo jetzt die Wittekind's Kapelle liegt, einsam und allein ein christlicher Priester. Wittekind stutzte, sah das als eine besondere Fügung des Schicksals an und sprach: „Wenn ich hier nun Wasser sähe, so würde ich mich sogleich taufen lassen." Kaum hatte er ausgeredet, da fing sein Roß mit dem Vorderfuße an zu stampfen. Und siehe da! in demselben Augenblicke sprudelte an derselben Stelle plötzlich ein klarer Quell in Form eines Hufeisens hervor. Wittekind bat den Priester, ihn zu taufen, welchen Wunsch der Priester sofort und gern erfüllte. Zum Andenken an diese wunderbare Begebenheit wurde über diesem Quell später diese Kapelle erbaut.

Eine andere Sage läßt diese beiden mächtigsten Männer ihrer Zeit, Karl und Wittekind, durch folgenden, merkwürdigen Zufall zusammentreffen. „Während der langen Sachsenkriege irrte einst ein Franke in den düsteren Wäldern der Weser umher. Gar müde und fast gebrochen sieht er endlich am Strande des Flusses ein Haus, welches er mit seinem Rosse zu erreichen sucht. An der Thüre desselben angelangt ruft er über die lange Tenne: „Halloh, ein Fremder bittet um Obdach!" Da erhebt sich hinten am Heerde eine mächtige Gestalt, die nähert sich mit stolzem Blick der Thüre, sieht lange prüfend den Franken an und spricht dann: „Kommst Du, um Gastfreundschaft zu suchen, so bist Du sicher in Sachsenhütten." Darauf führte er den Franken an den Heerd, füllt einen Becher, trinkt und reicht ihn dem Franken. Auch dieser trinkt und giebt ihn zurück. So sitzen sie ernst am friedlichen Heerd, sehend schweigend einander an, doch jeder bewundert des andern Heldenglieder, während der Becher hin und her gereicht wird. Endlich fängt der Franke an: „Bei Gott, wir sind einander wert! Wenn König Karl wüßte, daß Sachsen viele solcher Helden wie Dich zum Kampfe stellt, so würde er diesen Krieg bitter beklagen." Schweigend faßt ihn der Sachse an die Hand und führt ihn auf ein herrlich gelegenes Feld, hier springt ein weißes Roß gar stattlich und schön auf der freien Weide umher.

Als der Sachse dieses edle Roß sieht, spricht er voll Freude und Begierde: „O, laß uns das schöne Roß fangen." Da erwidert der Sachse: „Gefangen hat das noch keiner gesehen, doch wenn ich es rufe, dann kommt es freiwillig." Darauf lockte er das Roß, und siehe, es kam wiehernd heran, bäumte sich wunderbar schön und brachte damit den beiden seine besten Grüße dar. Dann spricht der Sachse: „Siehe, das ist das Bild des herrlichen und freien Sachsenvolkes." Da reicht ihm der Franke die Hand und spricht mit hohem Mut: „Wahrlich, das war ein schönes Wort zu rechter

Zeit, nun will ich Dir auch fränkische Großmut zeigen, der Kampf zwischen Franken und Sachsen soll von dieser Stunde an aufhören, ich vermag über Krieg und Frieden zu gebieten, denn ich bin König Karl genannt." Sofort reicht der Sachse dem Franken die Hand und entgegnet hochherzig: „Hast Du mir eben fränkische Groß= mut gezeigt, so sollst Du nun auch Sachsentreue kennen lernen; Herr Karl, Du bist in mächtiger Hand, denn ich bin Wittekind genannt." Da spricht König Karl mit gehobener Stimme: „Ja, treu und frei wie das edle Roß sollst Du sein, Friede und Freund= schaft soll hinfort nur zwischen uns walten, zum Andenken an diesen Tag sollst Du fortan die Herzogskrone tragen und das weiße Roß auf ewig in Deinem Wappen führen."

Bekanntlich ist noch heute ein springendes Roß das Wappen für Westfalen, Hannover und Braunschweig. Für Schaumburg kam erst später das Nesselblatt.

Von Wittekind hören wir später in der Geschichte nichts mehr. Weil er aber von seinem Volke so geliebt und bewundert wurde, deshalb lebte er noch Jahrhunderte lang im Munde des= selben weiter. In den Erzählungen des Volkes wird er gewöhn= lich König Wieking genannt. Darnach schweifte er einst an den Ufern der Weser in der Nähe des fränkischen Heeres umher. Das Weihnachtsfest nahte heran, und er ward von Sehnsucht ergriffen, einmal den Gottesdienst der Christen zu schauen. Er hüllte sich daher in Bettlerkleider und schlich beim ersten Morgenrot ins fränkische Lager. Unerkannt schritt er durch die Reihen der Krieger, die sich zum Gottesdienst anschickten, in die Kirche. Da wurden nicht Pferde und Rinder geopfert wie bei den Heiden, sondern andächtig knieete Karl mit allen seinen Großen vor dem Altare, um das Abendmahl zu empfangen. Weihrauchduft wallte empor, die Gesänge der Priester verherrlichten die geweihte Nacht, in welcher die Herrlichkeit des Heilandes sich den Menschen offenbarte. Da wurde Wittekind tief ergriffen von dem Gottesdienst der Christen; seine Augen füllten sich mit Thränen und stumm faltete er voll Inbrunst seine Hände. Es war ihm zugleich, als wenn das Christkindlein auf dem Arme der Jungfrau Maria ihm winkte und spräche: „Komm her zu mir!"

Er konnte nicht länger widerstehen. Als König Karl bald darauf zu Attigny in Frankreich Hof hielt und am Osterfeste in die Kirche ging, da fand er unter den Bettlern vor der Thüre des Gotteshauses zwei starke, gewaltige Männer, denen er auch als Almosen einen Silberpfennig reichen wollte. Dabei griff der eine nicht nach der Gabe, sondern nach der Hand des Gebers, fiel ihm zu Füßen und bat um eine noch größere Gunst. Der andere that auch also. Beide baten um die Taufe von Priesters Hand und Karl möge selber Pathe sein bei ihrer Aufnahme in die Gemein=

schaft der Christen. Da erkannte Karl, daß die beiden Bettler Wittekind und Albio waren, die mächtigen Sachsenfürsten, die ihm soviel Leids zugefügt hatten. Gern verzieh er ihnen alles, ging mit ihnen in die Kirche, hörte ihr Bekenntnis und sah mit herzlicher Rührung und Gebet, wie sie vom Bischof getauft wurden. Darauf zogen die Fürsten in ihr Land und wurden nun König Karls Bundesgenossen."

„Als Wittekind Christ geworden und Friede im Lande war, beschloß er, sich eine Burg zu bauen, in welcher er seine Freunde um sich versammeln könne.*) Rings um dieselbe wurde eine Stadt gebaut, von der das jetzige Enger nur ein geringer Ueberrest ist. Sie hatte sieben Thore; Westerenger war die Vorstadt. In der Umgebung der Burg bauten sich die Männer aus dem Gefolge an, die den König zu Pferde begleiteten und späterhin verpflichtet waren, einen berittenen Mann zum Kriege zu stellen. So sind die Sattelmeier aufgekommen, deren es heute noch einige giebt. Jeder derselben hatte beim Könige sein besonderes Geschäft; der eine hatte die Aufsicht über den Marstall; der zweite ordnete die Jagden an; der dritte war der Vorsteher der Hirten des Königs ꝛc. Alle aber begleiteten den König zu Pferde in den Krieg und genossen besonderer Vorrechte, die ihnen bis in die neuere Zeit verblieben sind.**)

„Einst bestimmte Wittekind, in Enger und Herford eine Kirche zu bauen, beide sollten gleich groß sein und im Bau zur selben Zeit beginnen, die dann zuerst fertig würde, in der wollte er künftig begraben sein. So entstand ein merkwürdiger Wettstreit zwischen den beiden Städten und ihren Baumeistern. Der Baumeister zu Enger aber war schlauer als der zu Herford. Während dieser die Kirche mit dem Turme aufführte, baute jener eine Kirche ohne Turm. Natürlich wurde deshalb die Kirche zu Enger früher fertig als die zu Herford. — Obgleich der Baumeister in Herford die Unvollständigkeit der Kirche zu Enger behauptete und sich über die List seines Kollegen beschwerte, behielt dennoch der zu Enger Recht. Erst nachher führte dieser den fehlenden Turm neben der Kirche auf, weshalb noch heute Kirche und Turm in Enger getrennt

---

*) Die Stelle, wo die Burg gestanden hat, wird noch jetzt gezeigt, selbst von einzelnen Teilen derselben will man noch genau die Lage kennen, z. B. vom Burggraben, dem Küchengarten, der Pferdeschwemme, dem Hühnerhofe, dem Backhause ꝛc. Auch erinnern Ueberreste verwitterter Mauern an die Zeiten des Königs.

**) Stirbt ein Sattelmeier, so wird er an drei aufeinanderfolgenden Tagen nach 12 Uhr Mittags beläutet; schon vom Sterbehause aus begleiten die Geistlichen den Sarg, hinter dem ein gesatteltes Pferd her geführt wird, in die Kirche, wo man ihn auf dem Chore niedersetzt. Erst nach dem Gottesdienst findet alsdann auf dem Kirchhofe die Einsenkung statt.

neben einander dastehn. Enger hatte daher auch die Ehre, seiner Zeit der Begräbnisort Wittekinds zu werden."

Später baute Wittekind auch zu Schildesche ein Kirche. Hier wohnte seine Schwester in einem Kloster. Um nun schnell hinüber zu kommen, den Bau zu betreiben und die Schwester zu besuchen, ließ er einen Richtweg hinführen, einen Fußpfad, der noch jetzt von Enger nach Schildesche führt und „Hasenpad" heißt. Diesen Pfad wanderte der König so häufig, daß noch jetzt im Munde des Volkes der Reim sich erhalten hat:

„Dat is de Hasenpad,
Den König Wieking trad."

Hasenpad aber heißt er von einem Diener Wittekinds, welcher Hase hieß, der war der Bote und gewöhnliche Begleiter Wittekinds."

„Als Wittekind dann alt geworden war, beschloß er einst auf gar merkwürdige Weise zu erproben, wer wohl in der Umgegend aufrichtige Anhänglichkeit an ihn habe. Zwei zuverlässigen Freunden offenbarte er sein Vorhaben, die nun alsbald bekannt machten, daß der König gestorben sei. Auch das Leichenbegängnis war angeordnet. Als aber zur angesetzten Stunde die Menge der Leidtragenden sich auf der Burg versammelt hatte und um den verschlossenen Sarg her stand, trat plötzlich Wieking selbst wohlbehalten und fröhlich zwischen sie. Er dankte für die Treue und Anhänglichkeit und machte alle, die da umher standen und zu seinem Leichenbegängnis gekommen waren, auf ewige Zeiten zehntfrei. Unterdessen kam noch einer aus der Nähe von Bünde nachgelaufen. Auch der erhielt diese Begünstigung; allein von dem Tage an nannte man ihn „Nalop", und so heißt sein Hof noch heute. Wer aber unterwegs gewesen und auf die Nachricht von dem Leben des Königs wieder umgekehrt war, der wurde zur Hälfte zehntfrei. Einer hatte nur erst die Schuhe angezogen, um sich auf den Weg zu begeben, auch der blieb nicht ganz unbedacht, denn von seinen Kämpen wurde einer zehntfrei.

„König Wieking soll gestorben sein auf der Babilonie, einem spitzen Berge bei Lübbecke, auf dem er sich gegen die Franken ver= teidigt hatte. Von dort hat man ihn nach Enger getragen und das Land, über welches der Zug ging, wurde von selbiger Stunde an Wittekindsland genannt und für zehntfrei erklärt. Zu Enger wurde er in der Kirche beigesetzt. Die Kirchthür an der Westseite, durch welche der Sarg hineingetragen wurde, ist sofort zugemauert und bis auf den heutigen Tag nicht wieder geöffnet worden. Der mittlere Teil der Kirche, wo die Leiche aufgestellt war, heißt noch immer Leichdehl. Der Sarg wurde in einem kleinen Gewölbe am Chore beigesetzt und zugleich feierlich ausgesprochen, daß diese

3*

Gruft keine anderen Gebeine mehr in sich aufnehmen sollte. Und so ward es auch unverbrüchlich gehalten."

„Bei der Kirche zu Enger wurde dann ein Kapitel, eine Art Kloster, begründet und mit Grundstücken und Zehnten reichlich ausgestattet. Viele Jahrhunderte lang hielten die Kapitelherrn ihren Gottesdienst an der Gruft des Königs. Als aber endlich nach vielen Kriegsstürmen die Stadt sank und verödete, so daß sie keine Sicherheit mehr gewährte, da that das Kapitel die Ländereien aus, bestellte für den Gottesdienst einen Geistlichen und zog nach Herford. Dahin sollten nun auch Zins und Zehnten geliefert werden; allein die Pflichtigen weigerten sich und lieferten ihre Abgaben nur nach Enger, an die Kirche mit dem Grabe des Königs. Da ließen die Kapitelherrn heimlich die Gruft öffnen und die Gebeine Wiekings nach Herford entführen, wohin nun auch die Gefälle folgen mußten. Etwa 400 Jahre blieben sie in Herford, erst im Jahre 1822 sind sie wieder nach Enger gebracht worden, wo die Sattelmeier sie um die Kirche getragen und darauf wieder in ihre erste Ruhestätte gebracht haben. Ueber dem Grabgewölbe erhebt sich ein schönes Denkmal auf dem die aus Sandstein gehauene Gestalt des Helden in Lebensgröße zu sehen ist. Dieses Denkmal hat Kaiser Karl IV. errichtet, als er 1377 Herford besuchte. —

Dem Frankenkönig Karl war es also endlich gelungen, daß Franken und Sachsen nunmehr einen Gott verehrten und einem Könige gehorchten; dennoch verblieb dem Sachsenvolke eine gewisse Selbständigkeit, weil es zwar das schließlich besiegte aber doch nicht das den Siegern dienende Volk war, wie solches andere Kriege und Eroberungen derzeit stets zur Folge hatten. Auch sagte Karls scharfer und richtiger Blick ihm, daß dazu der Sachse weder geboren noch beanlagt sei, er ließ ihm daher seine Sprache, und ohne den heidnischen Glauben auch seine häufig sinnreichen Sitten und Gebräuche; er wußte, daß der Sachse dieselbe Beharrlichkeit und Innigkeit auch dem Christentume gegenüber bewahren würde. Und darin hatte er sich nicht geirrt, denn das Sachsenvolk hat sein Ursprüngliches und Eigentümliches mit einer achtunggebietenden, altehrwürdigen Pietät besser bewahrt als irgend ein anderes Volk und auf andere Stämme sogar übertragen; es hat die Quelle alles Lebens in seinem tiefsten Herzensgrunde sich öffnen lassen, um als unerschöpflicher Born, überall Segen und Erfrischung spendend, nirgend so rein, so klar und mächtig zu sprudeln als bei ihm.

Nachdem nämlich die Sachsen die himmlische Botschaft des Engels von Betlehem vernommen und verstanden hatten, beugten sie ihren starken Nacken willig unter Christi Namen und Kreuz und hielten beharrlich mit Innigkeit daran fest. Letztere zeigte sich schon darin, daß wenige Jahrzehnte nach ihrer Unterwerfung aus ihrer

Mitte das herrliche Gedicht vom Heiland „Heliand" hervorging, welches in ihre Sprache das Evangelium dichterisch übertrug. — Die Beharlichkeit der Sachsen ist aber nicht der Starrsinn der Mohamedaner noch der Stumpfsinn der Orientalen, vielmehr ist bei ihnen die Innigkeit die Tiefe und die Beharrlichkeit die Treue des Gemüts. Beides ist nur uns Deutschen eigentümlich und wird auch von andern Völkern als charakteristisch an uns gerühmt. Diese Eigentümlichkeit bevorzugt uns gegenüber der Oberflächlichkeit und Unbeständigkeit aller romanischen Völker, weshalb uns für manche Institutionen, für machen plötzliche Erscheinung bei unsern westlichen Nachbarn mitunter absolut das Verständnis fehlt.

Dagegen berechtigte grade diese Eigentümlichkeit der sächsischen Völkerstämme auf die wahre und höchste Kultur wie auf die einstige Macht und Herrschaft Deutschlands schließen zu dürfen. Und heute erkennen wir es deutlicher als je, daß im großen Hauptbuche Gottes der Name „Deutschland" tief eingraviert ist, daß trotz aller Stürme und Wogen der Zeit, trotz der vielhundertjährigen Tücke und Bosheit aller Welschen nichts imstande war, diesen Namen wie so viele frühere im großen Völkerbuche zu verwischen.

Mögen diese Eigentümlichkeiten auch manchmal etwas verborgen, stellenweise sogar abhanden gekommen sein, immerhin bezeichnen sie doch die besondere nationale Ausstattung der Deutschen. —

Durch die Annahme des Christentums ging natürlich mit den Sachsen die großartigste und vielseitigste Wandlung vor sich, denn mit dem neuen Licht kam neues Leben und neue Hoffnung überall in ihr tägliches Leben. Auch fand der lange Krieg zwischen Franken und Sachsen endlich 803 im Frieden zu Selz sein Ende.

In diesem Frieden wurden zwar den Sachsen ihre Freiheiten und Gesetze den Worten nach bestätigt, doch in der That wurden sie der Geistlichkeit zinsbar und den fränkischen Großen unterwürfig gemacht.

Dazu war das Land verwüstet und verödet; Tausende seiner fleißigen Bewohner hatte das Schwert dahingerafft; Tausende waren in das fränkische Gebiet versetzt, und viele der Vornehmen hatten freiwillig ihr unglückliches Vaterland verlassen. Die heiligen Haine des Hohensteins durften als solche nicht mehr betreten und auf dem dortigen uralten Felsenaltar nicht mehr geopfert werden; selbst der Name Ostara wurde, wo ein Berg oder Hügel ihn führte, in das kirchliche Pascha (von Passah) verwandelt. Und wenn dennoch das Anzünden des heiligen Feuers bis auf diesen Tag verblieb, so wurde ihm eben deshalb eine christliche Bedeutung unterstellt. — Ein Gesetz Karls d. Gr. sagt, wer die vierzigtägigen Fasten durch Fleischessen bricht, der soll des Todes sterben, doch mag der Priester untersuchen, ob nicht etwa eine Notwendigkeit es geboten habe.

Wer den Leichnam eines Verstorbenen nach heidnischer (d. h. hier vaterländischer) Sitte verbrennt, der soll des Todes sterben. Jedes Kind soll, ehe es ein Jahr alt wird, getauft werden; wer dieses unterläßt zahlt als Edler 120 Solidi, als Freier 60 und als Unfreier 30. Wer bei Quellen, Bäumen in Hainen 2c. Gelübde thut, oder nach heidnischer Weise opfert und zur Ehre des bösen Geistes schmauset, bezahlt als Edler 60, als Freier 30 und als Unfreier 15 Solidi. Kann er nicht bezahlen, so soll er zum Dienst der Kirche übergeben werden, bis die Strafe entrichtet ist. Wie hart aber diese Strafen waren, ersieht man daraus, daß ein jähriges Rind, wenn es im Herbst in den Stall kam, oder wenn es im Frühjahr ausgetrieben wurde, soviel galt als ein Solidus.

Gewiß waren solche Gesetze wohl geeignet, Erbitterung hervorzurufen und zum Hasse zu reizen, und wenn dieses dennoch bei den Sachsen nicht der Fall war, so spricht das einesteils für das offene und tiefe Gemüt der Sachsen, denn wie einst dem Wittekind das Christuskindchen freundlich winkte, so sah und verstand jeder Sachse den Wink seines Heilandes; andernteils spricht es für das wirklich Göttliche im Christentum, dessen Wesen eben darin besteht, daß es vom Geist des Friedens und der Lauterkeit überall durchwehet wird. —

Um das Christentum unter den Sachsen schneller auszubreiten und zu sichern, wurden überall Bistümer, Klöster und Stiftungen errichtet, von denen das Licht für das bis dahin dunkle Sachsenland ausgehen sollte. Auch unsere Gegend erhielt solche segensreiche Institute. So entstand das Kloster zu Obernkirchen um 815, das zu Möllenbeck um 896, dessen Stiftung König Arnulf bestätigte, das zu Fischbeck um 950, welche aber alle unter dem von Karl d. Gr. gestifteten Bistum Minden standen.

Da aber nach Karls d. Gr. Tode (814) die heidnische Normannen und Hunnen kamen und ihre entsetzlichen Raubzüge sogar nach unserm Thale ausdehnten, so erheischte die stete Gefahr für Reich und Kirche auch einen stetigen Wächter, weshalb schon Karl d. Gr., welcher diese Gefahr ebenfalls ahnte, den berühmten Grafen Ecbert, einen Sohn des Grafen Bruno von Brunsburg zum Herzog zwischen Weser und Rhein ernannte. Ecberts Söhne waren Cobbo, Warinus und Ludolph. Der erstere folgte seinem Vater im Amte, der zweite wurde erster Abt von Corven an der Weser und Ludolph wurde Herzog zwischen Weser und Elbe. Ludolphs Sohn war dann Otto der Erlauchte, welcher als Herzog der Sachsen während der schwachen und unglücklichen Regierung Ludwig des Kindes (899 bis 911) im nördlichen Deutschland fast unabhängig herrschte und das Land gegen die räuberischen Einfälle jener heidnischen Völker kräftig stützte. Jedoch gelang es erst dessen

Sohn Heinrich I. 933, und Enkel Otto I. 955, die völlige Sicher=
heit im Lande wieder herzustellen. Dieser Heinrich I. war ein Ur=
enkel Giselas, der Tochter Wittekinds, und seine fromme Gemahlin
Mathilde war eine Urenkelin Wiegberts, des Sohnes Wittekinds;
und der hat als Kaiser (918—936) am meisten zur Konsolidierung
des deutschen Reichs beigetragen, so daß man ihn als den eigent=
lichen Begründer desselben ansehen muß. Wie man nun
diesen Mann, der mehr als irgend ein späterer Kaiser des alten
deutschen Reichs den Beinamen „der Große" verdiente, mit dem
nichtssagenden Worte Finkler oder Vogelsteller bezeichnen konnte,
ist völlig unverständlich. Gleichwohl wurde 936, also in seinem
Sterbejahre, das Kloster Obernkirchen von einer wilden Schaar
Ungarn zerstört, nachdem es bereits über 100 Jahre segensreich
gewirkt hatte.

Es war nämlich am 30. August 936, als ein Streifzug
der zwischen Elbe und Weser herumschweifenden Ungarn das unbe=
schützte Kloster überfiel und die gesamte Familie, bestehend aus
40 Domfrauen und 120 zum Stifte gehörenden Personen, erschlug,
die Gebäude ausplünderte und in Brand steckte. Nur eine durch
Schönheit ausgezeichnete Jungfrau wurde verschont, weil der Führer
der Schaar sie als Gattin in die Heimat führen wollte. Als aber
der Zug sich zur Weser wandte, erblickte die Gefangene einen Zug
weißer Tauben sich zum Himmel erheben. Sogleich dachte sie, das
sind die Seelen der ermordeten Schwestern, welche nun zur Herr=
lichkeit eingehen. Von Sehnsucht ergriffen, mit ihnen vereinigt zu
bleiben, erbat sie sich unter irgend einem Vorwande vom Führer
ein Messer, senkte es aber nicht etwa ins Herz, um ihre Qualen
plötzlich zu enden, sondern sie schnitt sich die Nase ab, um durch
die Zerstörung ihrer Schönheit die Wut des grausamen Siegers
zu reizen, was ihr auch völlig gelang, denn das Schwert des Er=
bitterten gesellte sie alsbald den ermordeten Schwestern zu. So
errang sie die Märtyrerkrone, ohne eine Selbstmörderin zu werden,
und wurde bei Veltheim begraben.

Diese Zerstörung des Stifts durch die Ungarn ist zweifel=
los, denn nicht nur wurde das Andenken der erschlagenen Schwestern
in den benachbarten Stiften (in Möllenbeck den 30. August) noch
nach Jahrhunderten gefeiert, sondern es ist auch gewiß, daß das
Stift lange verödet blieb und daselbst nur eine Kapelle vom
Bischof von Minden unterhalten wurde. — Von dieser Kapelle wird
uns über ein höchst auffallendes Wunder der heiligen Jungfrau
berichtet. Darnach hatte ein Pferdedieb, welcher von den Eigen=
tümern der gestohlenen Pferde verfolgt wurde, sich in diese Kapelle
geflüchtet und flehete hier zur heiligen Jungfrau, unter Versprechung
der Besserung, ihn doch diesmal aus der Klemme zu ziehen. Und

siehe, die kohlschwarzen Rappen verwandelten sich in schneeweiße
Schimmel, so daß die Eigentümer ihr gestohlenes Gut nicht wieder
erkannten. — Etwa gegen 1170 finden wir das Stift unter Einführung
einer mehr klösterlichen Zucht und Strenge wieder hergestellt, bis
es 1381 abbrannte; doch Kanonikus Engelbert von Minden bauete
es wieder auf, und aus dieser Zeit stammen wahrscheinlich die
gegenwärtigen Gebäude nebst der geräumigen Kirche. Damals war
es auch ein berühmter Wallfahrtsort, denn während der großen
Pest (schwarzer Tod 1349) hatten sogar die Einwohner von Lübbecke
eine Wallfahrt zur heiligen Maria in Obernkirchen gelobt, welche
nachher üblich blieb und sich noch vermehrte, seitdem ein von Alter
geschwärztes Marienbild, welches die Nonnen von Wunstorp verächt=
lich weggeworfen hatten, seine Verschmähung durch viele Wunder
in Obernkirchen, wo man es ehrerbietig aufgestellt hatte, rächte!
Im Jahre 1473 reformierte der Bischof von Minden, Hein=
rich III., Graf von Schaumburg, auf Bitten und Veranlassung
seines Bruders, des Grafen Adolf von Schaumburg, das Kloster
und verordnete für dasselbe strengere Regel und die Clausur. Die
Reformation drohete ihm aber den Untergang, denn Graf Otto IV.
hatte es bereits ganz aufgehoben, erst nach wiederholten, dringenden
Bitten der Ritterschaft wurde es in der gegenwärtigen Form als
ein freiadeliges Stift mit protestantischem Gottesdienst wieder her=
gestellt. Zum fünften Male drohete ihm der Untergang durch die
westfälische Regierung, schon waren die Gebäude zum Verkauf be=
stimmt, aber der Ausgang der Leipziger Völkerschlacht machte die
Ausführung dieser Bestimmungen unmöglich. Wiederhergestellt wurde
es in seiner jetzigen Form 1814.

Das Kloster Möllenbeck wurde von einer edlen Frau
Hildburg gegründet. Einst kehrte nämlich ihr Gemahl Graf Uffo
aus fernen Landen, wahrscheinlich von einer Pilgerreise zum heiligen
Lande, nach langer Abwesenheit in seine Heimat zurück. Freudig
kam ihm seine Gemahlin Hildburg mit den Worten entgegen: „Ich
glaubte Dich tot, blieb aber doch nicht allein, sondern habe neun
Töchter geboren, die alle Gott geweiht sind." Uffo antwortete:
„Deine Kinder sind auch meine Kinder, darum will ich sie alle
reichlich ausstatten." Es waren aber 9 Kirchen, welche Hildburg
gestiftet hatte, nämlich zu Möllenbeck, Exten, Hohenrode, Siligen,
Eisbergen, Steinbergen, Deckbergen, Segelhorst und Veltheim.
Thatsache ist, daß Möllenbeck durch Hildburg und den Priester
Folkart um 896 als Nonnenkloster gegründet wurde, zu welchem viele
Kirchen als Filiale gehörten. Außer dem gewöhnlichen Brandunglück
hat dieses Stift wenig Nachteile erlitten, vielmehr wurde es von
den Grafen von Schwalenberg, Sternberg und den edlen Herren

zur Lippe vorzugsweise begünstigt. Seitdem aber im Anfange des 15. Jahrhunderts die Würde einer Abtissin ausschließlich an Frauen gräflichen oder fürstlichen Stammes gelangte, kam es durch eine nachlässige Verwaltung in Verfall, so daß es der völligen Auflösung nahe zu sein schien. Diesen Zustand benutzten Augustinermönche aus dem Münsterlande, welche das verfallene Stift gegen eine Summe Geld sich 1444 von dem Bischof Albert von Minden zu einem Mönchskloster abtreten ließen. Mit großer Emsigkeit bauten diese Kloster, Kirche und Oekonomiegebäude von Grund auf, und zwar zweimal, weil das erste Gebäude abbrannte. Bei der Einführung der Reformation nahm der damalige Probst die lutherische Lehre an, nannte seine Mönche Conventualen, stiftete eine bald wieder eingegangene Schule und sicherte mit vieler Klugheit auch unter veränderten Umständen seine klösterliche Unabhängigkeit, bis der dreißigjährige Krieg, namentlich das Jahr 1634, alles verödete. Nach dem westfälischen Frieden wurde es eine Domäne, deren Einkünfte zu wohlthätigen Zwecken, besonders zur Unterhaltung der Universität Rinteln angewendet wurden. Die Klosterkirche ist 1836 wieder hergestellt.

Das Frauenkloster Fischbeck wurde von der edlen Matrone Helmburgis gegründet. Ein auf dem Frauenchor der Stiftskirche aufgehängtes, mit kunstfertiger Nadel in Wolle gesticktes, uraltes Bild will auf sechs runden Feldern die mehr als romantische Veranlassung der Gründung dieses Klosters zur Anschauung bringen. Obgleich diese Veranlassung ans Unglaubliche grenzt, so lassen wir sie doch des merkwürdigen Bildes wegen nach „Hyneck" folgen:

„Des Finkler's Sohn war König, als auf Engern's Höhen,
Vom Schatten hoher Buchen kühl umlaubt,
Graf Riepert's Burg, in weiter Fern gesehen,
Stolz über steilen Fels hob das betürmte Haupt.
Da herrschte er, ihm zinsten viele Gauen,
Durch die Visurgis ihre Wogen schwellt,
Doch aller Kleinod Größtes war die herrlichste der Frauen,
Die Lieb' ihm in der Jugend Blüte zugesellt.
Laut von Helmburgis Lipp' und Rosenwange
Sprach Zucht der Keuschheit und der fromme Sinn,
Und rein von jedem Makel, gleich der Silberspange,
So trat sie jeden Morgen vor den Eh'herrn hin.
Ein Spiegel war sie, welcher tausend helle Strahlen
Um sich verbreitet, ohne daß er's selber weiß,
Und edle Mütter zeigten sie bei Fest und Malen
Den Töchtern immer als der Tugend Ehrenpreis.
Schaut! riefen sie, so müßt ihr werden, solche Tugend

Gewinnt euch sichrer Herzen, als des Flimmers Glanz,
Und wenn euch altert Schönheit, Reiz und Jugend,
Dann blüht noch unverwelklich dieser Kranz!
  Und doch kann finstrer Wahn die Reine schmähen?
Der eigene Gatte sie ehrlosem Tode weih'n?
Wohl kann er's — denn wo Argwohn's Geister sich ergehen,
Da wird der Haß auch stets der Liebe Ueberwinder sein.

Also erging's Helmburgis edlem Thun und ihrer Treue,
Und oft hat sie's den Klosternschwestern selbst erzählt,
Wie Riepert sich gemartert unter später Reue,
Daß er die Unschuld selbst in ihr zum Tod gequält.
Lang hatte er des Reiches Banner vorgetragen,
Gewaltiglich, wo Schild und Lanze brach, gekämpft,
Und nie geruhet in des schwersten Streites Tagen,
Bis seines Schwertes Wucht der Feinde Hohn gedämpft.
Ein Löwe brach er in der Hunnen wilde Rotten,
Als König Otto sie im Lechfeld rüstig traf,
Und warf den grimmen Recken Malekotten
Vom mächt'gen Roß in ew'gen Todesschlaf.

  Doch als des Friedens Stille kam, befiel ein schweres Bangen
Des Grafen Herz, die Kraft aus den Gebeinen schwand,
Es wich das kühne Rot ihm von den Wangen
Und ganz zerrissen hing ihm jeder Sehne Band.
Voll herben Grams in den erblaßten Zügen
Bewacht Helmburgis zitternd den Gemahl,
Und meint dem bittern Harm zu erliegen,
Eh sich zum Bessern wendet des Geliebten Qual.

  Da dämmert's plötzlich ihr zum Troste, wie vor Jahren,
Ein Pilger aus dem Morgenland verehrt ihr einen Saft,
Den er gesammelt unter mancherlei Gefahren,
Und hochgerühmt des Trankes Wunderkraft.
Die Panacee, gepreßt aus hundert Kräutern,
Die sich am Thabor und auf Carmels Höh'n genährt,
Ist ganz geschaffen, schweres Blut zu läutern,
Und wer sie trinkt, fühlt sich zum Leben neubewährt.
Ihr selbst, der Huld gedenk, womit sie seine Leiden
Gelindert, als er lange in der Burg geruht,
Reicht er ein Krüglein dar beim letzten Scheiden,
Darin sich perlend schaukelt balsamduft'ge Flut.
Dies, spricht er, nimm, wenn Dich einst Gramm und Sorgen
Betrüben, und Angst Dir jede Ruhe raubt —
Zehn Tropfen sind genug — denn mit dem nächsten Morgen
Bist Du genesen, edle Frau! an Herz und Haupt.
Doch wehe! schlürft sie eine durst'ge Lippe nieder,

Die über argwohnvollem Herzen wohnt,
Beelzebub schlüpft in des Leibes Glieder
Und Wahnsinn spukt, wo sonst ein Heldensinn getront!
  Des Pilgers Gabe, will sie, soll das Unheil wenden,
Und an ihr selbst erproben sich des Balsams Kraft,
Zur Kemnad eilt sie drum, und mit geschäft'gen Händen
Wird beides aus dem engen Schrein gerafft.
Ach, aber Asmodäen's eifersücht'ge Tücke,
Längst über Helmburgis Eheglück ergrimmt,
Läßt, recht im wirren Bund mit dem Geschicke,
Empfahen sie, was erst dem Siechling war bestimmt.
Kaum ist der Trank hinabgeflossen,
Helft, Heil'ge! welche Hölle tobt in seiner Brust!
Als sei in ihn ihr ganzes Gift ergossen,
Zückt er das scharfe Schwert mit wilder Lust,
Dringt auf sie ein, und schreit mit wütigen Gebehrden:
Nimm Deinen Lohn, des Teufels Braut! dahin,
Mein gutes Schwert soll von der Erden
Dein Leben tilgen gleich, Giftmischerin!
  Zuletzt, als er durchras't viel finstre Stunden,
Fällt eisenschwer der Schlaf auf seiner Augen Paar. —
Wird er genesen? ja, die Krankheit ist verschwunden,
Doch stellt für Helmburg Mildrung sich nicht dar.
Gift war es doch, spricht er, von Höllenkunst betrogen,
Mein Leben will die Ungetreue enden sehn!
Ruft sie mir her — wie lang sie Liebe auch gelogen,
Sie soll vor mir des Todes finstre Steige geh'n! —
  Helmburgis kommt. Der Augen dunkles Flimmern,
Die bleichen Lippen zitternd, wie ihr Gang,
All holdes Wesen an ihr wie in düstern Trümmern,
Verrät nicht alles, daß die Seel' ihr bang?
Doch nicht die Schuld, es bleichen nur die Schmerzen
Getäuschter Liebe sie — betrogner Zärtlichkeit. —
Wie treu hing sie an ihm mit keuschem Herzen,
Stets seines Wink's gewärtig und bereit!
Ist Tod nicht besser? — aber nimmer soll es scheinen,
Als sei der Strafe Bitterkeit ihr wohlverdient,
Darum erstickt sie ihrer Augen heißes Weinen
Und spricht, wozu sich keine Schuld erkühnt:
Da magst, mein Herr und Eh'mann, mit mir thuen,
Wie dir's Dein rachentbrannter Grimm gebeut, —
Doch keines Treubruchs Schmach soll auf mir ruhen,
Ich fordere des Himmels zeugenden Entscheid!
Laß Deine Knechte hier ein glühend Feuer schüren,

In Flammen probt die Unschuld sich, wie jede Schuld,
Wenn sie mit ihren Zeichen meinen Leib berühren,
Dann sei ich Deiner Gnade baar und los aus Gottes Huld! —
    Mit Grausen sammelt sich das Volk rund auf dem Plane
Und harret des Gerichtes Ausgang tief betrübt,
Denn trotz des Grafen argwohnvollem Wahne
Glaubt niemand, daß sie solche Untreu' je geübt.
Die Flammen lodern drauf, und aus den innern Hallen
Tritt die der Schmach Geweihete hervor;
Ein härren Hemd sieht man um ihre Glieder wallen,
Das ist ihr Schmuck, seit sie des Eh'herrn Gunst verlor.
Den Blick empor seufzt sie dann leis: Sei Du ein Zeuge,
Maria, heil'ge, reine, süße Himmelskönigin,
Und über mich den Lil'ienbüschel schirmend neige!
So flehend geht sie zu dem Feuer hin.
Wohl züngeln um sie her, wie gier'ge Schlangen,
Die Flammen auf und ab, und nah'n und flieh'n,
Doch wenn sie plötzlich auch ihr Opfer dicht umfangen,
Sie müssen machtlos wieder auseinander zieh'n.
So war sie dreimal durch den Brand geschritten
Und unversehrt am reinen Leib wie an des Mutes Sinn —
Da schleudert einen Funken aus der Gluten Mitten
Asmodi auf den Schnee des unbedeckten Armes hin.
Zu gut traf er sein Ziel — dies Mal kann keiner bannen,
Denn all sein Gift goß jetzt der Böse drein,
Und weinend flieht Gesind und Volk von dannen,
Wer möchte Zeuge von dem blut'gen Ende sein?!
    Deine Schuld zu büßen unter Schwertesscheide,
Unglückfel'ge, sei Dir nun nicht mehr vergönnt,
Denn der arge Trug verdient's mit längerm Leide,
Und daß später Zeiten Kunde ihn noch kennt!
Spannet an den Wagen mit den tollen Sennerrossen,
Fesselt sie auf hohem Schwindelsitze an,
Die Vertraute ihrer Lüge gebt ihr zum Genossen
Und dann peitscht sie in die Weite fort vom Plan!
    Also der Graf — mit ihrer Magd Gelassen
Steigt sie empor zum schaudervollen Grab —
Da öffnet sich das Thor, und mit des Sturmes Rasen
Flieh'n Roß' und Wagen in das Thal hinab,
Und stürmen ohne Rast vom steilen Gipfel,
Daß Fels und Huf die hellen Funken sprühn,
Die Höhen fliegen, wie die Eichenwipfel,
Und der zerschellten Räder Achsen glüh'n.
Durch Mohr und Röhrig, durch der Dornen scharf Gewinde

Eilt schnaubend, zügellos das Rennerpaar,
Bald hoch zu Berg, bald tief hinab in grauf'ge Schlünde,
Und weit vom Nacken fliegt Helmburgis wallend Haar.
    Doch was erscheint erst fern, dann näher dort am Hügel?
Ein Bach ist's, dessen Wasser mühsam weiter zieh'n
Und silbern leuchten jetzt im Sonnenspiegel,
Daß selbst die Rosse, die von mächt'gem Durste glüh'n,
Gestreckten Laufs zum nahen Ufer eilen;
Da steh'n sie plötzlich, wiehernd aus erhitzter Brust,
Und säumen nicht, sich in der Labung Naß zu theilen,
Die zu erneutem Lauf verspricht gestärkte Lust.
    Sei gnädig, Mutter Gottes! o Maria rette
Mich, die so herb Verstoß'ne, rette gnädig mich!
Helmburgis ruft's, da bricht der Banden Kette,
Und von dem Marterwagen schwingt sie kühnlich sich.
Ermattet strauchelt sie hinab zur Quelle,
Indeß ein goldig Fischlein ihr fährt in die Hand.
Mit solchem Zeichen steigt zuletzt sie aus der Welle
Und kniet mit ihrer Magd gerettet an des Ufers Rand.
    Nimm, heil'ger Gott! nimm an, was zu geloben
Die Seele brennt — ein Kloster bau ich hier —
Ein Denkmal Deiner Huld, beschirm es Du von oben
Und laß es ewig bleiben dieses Thales Zier.
Da will ich beten, fern vom argen Weltgetümmel,
Fern von dem blinden Argwohn, der mich rauh verstieß!
Der Unschuld sei's fortan ein Erdenhimmel,
Ein Ruheport für mich, die alles hinter sich verließ.
    Doch kaum ist das Gelübde ihrem Mund entflossen,
Als aus der Ferne ein neuer Anblick winkt,
Denn eine reichgeschmückte Schaar auf hohen Rossen
Zieht jetzt heran, und Speer und Helmbusch blinkt.
Herr Otto ist's, der da mit allen seinen Mannen
Zum Fürstentage zieht, und tieferstaunten Blicks
Die Frauen sieht, den Wagen und von wannen
Sie kommen, fragt, und alle Wunder forschet des Geschick's.
Die Mähr, der alle Hörer stille lauschen,
Ist kaum erzählt, als fromm vom Roß der König steigt,
Und während seiner Ritter Waffen rauschen,
Hochgnädig zu Helmburgis seinen Scepter neigt.
Sie spricht: zu meinem demutsvollen Dankbeginnen
Begehr' ich, hoher Herr! des Reiches mächt'gen Schutz!
Sei Schirmherr mir, dann wachsen meines Baues Zinnen
Und bieten jedem Feindesdräuen starken Trotz! —
    Was Du erbeten, edle Frau! wir wollen es gewähren —

Ruft er — schreib Kanzler ihr den Brief von unf'rer Wacht —
Aufsteig' ihr Bau zu Sanct Johannis Täufers Ehren,
Und wer ihr gram wird, fall' in Bann und Acht. —
Also geschah's; bald winkt der Bau hoch in den Lüften,
Bald tönet von dem Turm der Glocken heller Klang,
Und mit des Weihrauchs und der Myrrhe Düften
Vermischt sich frommer Schwestern Lobgesang.
Helmburgis hieß den Ort Fischbeck, vom Fisch, den sie gefangen,
Und lebte mit den Schwestern hier fortan in heil'ger Ruh —
Und als der Blick ihr dunkelte, und blaßten ihr die Wangen,
Da drückte sanft ein Engel ihr die müden Augen zu. —

Dieses Frauenkloster stand ebenfalls unter der Aufsicht der
Bischöfe zu Minden. Allein Kaiser Konrad III. übertrug es 1147
dem geliebten Abte Wiebold von Corvey und dessen Nachfolgern,
weil in den Frauenklöstern vielfach die heiligen Gebräuche verfallen
wären, Laster gepflegt würden und diese Klöster darum gebessert
werden müßten. Seit dieser Zeit beginnt hier ein streng klöster-
liches Leben, so daß es dieserhalb in einen guten Ruf kommt und
gesucht wird. Von diesem Zwange wurde das Stift erst durch die
Reformation seit 1559 befreit und seinem ursprünglichen Zwecke
wiedergegeben.

Zufolge früherer Verträge mit den schaumburgischen Grafen
und eines getroffenen Vergleichs mit dem Fürsten Ernst von Schaumburg im Jahre 1602 wurden die Rechte und Befugnisse so geord-
net, wie sie im Ganzen heute noch sind. — Das Stift besitzt die
freie Wahl der Abtissin, zeigt diese dem Regenten der Grafschaft
Schaumburg an und bittet um Bestätigung, welche unverweigerlich
erteilt wird. Zur Aufnahme in das Stift wird die Ahnenprobe
verlangt.

Alle diese geistlichen Stiftungen, welche stets einer milden
Absicht entsprangen und auch einem milden Zwecke dienen sollten,
erfreuten sich meistens der besonderen Pflege der Kaiser, Herzöge,
Grafen und Edlen, weshalb ihnen von diesen oft bedeutende Ver-
günstigungen und große Schenkungen zugewandt wurden. Eine derartige Gesinnung lag in dem Geiste der damaligen Zeit, und die
römische Kirche verstand eine solche Gesinnung geschickt und anhaltend zu nähren. —

Schließlich erwähnen wir hier noch eine örtliche Sage:
Oberhalb Oldendorf bei dem Gute Stau teilte sich vormals die
Weser in zwei Arme, welche unterhalb der Stadt sich wieder ver-
einigten.

Dem „Jöstefen“ (Jost von Mengersen) gefiel das nicht und
er dämmte den einen Arm über Stau ab, wobei ihm der Teufel

geholfen haben soll. Wegen dieser Abdämmung aber kann er nicht zur Ruhe kommen. Bei neblichtem Wetter geht er Nachts mit einer Laterne am Weserufer auf und ab, begleitet den späten Wanderer und führt ihn irre. Manchmal sieht man ihn mit einem andern sich schlagen, daß die hellen Funken umhersprühen. Dieser Jost von Mengersen, genannt das „Jösteken" liegt im Stifte zu Fischbeck in dem Gewölbe unter der Kirche begraben und ist als Mumie noch zu sehen. Er streckt immer den einen Fuß zum Sarge hinaus; und wenn man den Fuß auch hundert mal hineinlegt, so kommt er doch immer wieder hervor. — Die Brücke, welche über den an Oldendorf vorbeifließenden, trocken gelegten Weserarm führte, steht noch, und scherzend hört man oft, „die Brücke ohne Wasser" als Wahrzeichen von Oldendorf nennen. Ferner sind noch heute an dem v. Münchhausischen Gebäude die eisernen Ringe zu sehen, an denen einst hier die Weserschiffe befestigt wurden.

Gründung der Grafschaft Schaumburg durch das Haus Santersleben.

Um die Macht des Reiches zu befestigen und zu erweitern, hatten besonders die sächsischen Kaiser viele äußere und innere Feinde zu bekämpfen. Nach uralter Sitte hatte sich dabei mancher deutsche Ritter durch wichtige Dienste oder glänzende Waffenthaten ausgezeichnet, weshalb er vom Kaiser durch Schenkungen von Herzogtümern, Grafschaften oder Gütern belehnt wurde. So hatte schon Kaiser Otto I (936—973) das Herzogtum Sachsen seinem treuen und tapfern Hermann Billung verliehen.

Als nun gegen Ende des 10. Jahrhunderts Ruhe und Wohlstand in die deutschen Gaue zurückgekehrt waren und die sächsischen Großen ihre Güter unter dem mächtigen Schutze der Herzöge von Sachsen aus der Billungschen Familie in Ruhe und Frieden verwalteten, da lebte (nach Angaben des Mönches Meibom) ein Nachkomme jener sächsischen Großen auf seinen Erbgütern an der Weser, zwischen Deister und Süntel. Seine Erbtochter Godila verheiratete sich mit Lotharius aus dem Geschlecht der Herren von Santersleben, welche im Magdeburgischen begütert waren und wahrscheinlich zur Familie der Grafen von Walbeck gehörten. — Die Grafen von Walbeck waren aus Wittekinds Geschlecht und erhielten 1015 vom Kaiser Heinrich II. die Grafschaft

Savoyen. — Die Güter, welche Lotharius mit der Godila erhei=
ratete, mögen diejenigen Landesteile gewesen sein, welche unter dem
Namen Schaumburg, Egestorf, Rodenberg, Hagenburg, Bokoloh
und Meßmerode hin und wieder in Dokumenten als Erbgut be=
zeichnet und als solches teilweise anderen Fürsten als Lehen über=
tragen werden.

Nachdem schon im Anfange des 11. Jahrhunderts die Aemter
und Würden, wie andere Lehen erblich wurden, erhielt ein Enkel
oder Urenkel jenes Lotharius, Adolf von Santersleben, vom
Kaiser Konrad II., als der zwei Jahre in Minden Hof hielt, 1030
erbliche Grafenwürde.

Nach Spangenberg und anderen Geschichtsschreibern stammen
die Grafen von Schaumburg aus fränkischem Geschlecht, deren
Vorfahren vielleicht schon zur Zeit der Karolinger von der fränkischen
Saale nach der Weser eingewandert waren und hier vom Kaiser
Konrad II. 1030 für wichtige Dienste mit Land belehnt wurden.
Ihr Name sei daher nicht Santersleben sondern Sallingleben.

Diese Annahmen und Angaben des alten Magisters Spangen=
berg sind allerdings nicht gleichgültig, denn er hat die älteren Nach=
richten eifrig gesammelt, sorgsam gesichtet und seine Chronik der
Grafen von Schaumburg als ein 70jähriger Greis, doch mit voller
Geistesfrische und Manneskraft ohne Brille im Jahre 1602 vollen=
det; auch stand er im persönlichen Verkehr mit der Grafenfamilie,
weshalb diese wohl selber der Ansicht gewesen sein muß, daß ihr
Familienname „Sallingleben sei. — Möglicher Weise sind auch die
Vorfahren der Godila eingewanderte Franken von der Saale ge=
wesen, denn schon Karl d. Gr. versetzte viele Franken in das
sächsische Gebiet. Auch kann mancher Franke in der hiesigen frucht=
baren Gegend bei der Gelegenheit geblieben sein, als Ludwig der
Deutsche 852 in Minden eine Ständeversammlung hielt. Gelegen=
heit zur Einwanderung und Ansiedlung war seit Karl d. Gr. ge=
nugsam da. Uns kann der Name gleichgültig erscheinen, wir wollen
hier nach Meibom „Santersleben wählen, zumal die gleiche End=
sylbe „leben in beiden Wörtern immer wieder auf die Gegend
von Magdeburg zurückverweist. Wenn aber andere Geschichtsschreiber
noch zwei verschiedene Abstammungen der Grafen von Schaumburg
annehmen, so folgt daraus eine gewisse Unsicherheit; doch scheint
gewiß zu sein, daß schon vor jenem ersten Adolf edle Herren
von Santersleben, welche Söhne oder Enkel jenes Lo=
thars waren, in Rodenberg ihren Sitz hatten; daß ferner
dieser Adolf vom Bischof Siegbrecht zu Minden mit den
Ländern zwischen Hausberge und Bassinghausen, nament=
lich mit dem Nettelberge (Nesselberg) belehnt wurde, daß er
also vor seiner Belehnung durch den Kaiser hier schon

begütert war. Unzweifelhaft aber ist, daß dieser erste Adolf ein tapferer Kriegsheld war, der als solcher dem Kaiser Konrad II. 1027 bei dessen Kaiserkrönung zu Rom die wichtigsten Dienste gegen die verräterischen Römer leistete, ihn durch eine ritterliche That aus großer Leibes- und Lebensgefahr errettete, daß deshalb der Kaiser diesen Adolf in Gegenwart vieler Bischöfe und Reichs- fürsten 1030 auf dem Reichstage zu Minden auf dem Kampe nach vorhergegangener Erzählung seiner redlichen Thaten zum Ritter schlug, daß er ihn zum Reichsgrafen ernannte und ihn mit allen vom Vater ererbten Gütern wie mit den Ländern zwischen Porta und Deister belehnte, daß er end- lich Schaumburg zu einer Reichsgrafschaft erhob. Als Reichsgraf war Adolf nun Kaiserlicher Oberrichter und mit der Civil- und Militärgewalt für sein Land ausgestattet.

Möglicher Weise hatte an dieser besonderen Auszeichnung Adolfs dessen Bruder, welcher Bruno hieß, nicht geringen Anteil, denn dieser Bruno war früher ein Schüler des Erbischofs Meinfried von Magdeburg und jetzt als gelehrter und geistlicher Herr Kaiserlicher Kanzler. Später, 1037, wurde er auf Wunsch des Kaisers zum 16. Bischof von Minden ernannt.

Obgleich Adolf seine Würden und sein Lehen aus der Hand des Kaisers bekam, so sollten doch die Nachkommen Adolfs das Haus Schaumburg, also ihre Grafschaft, vom Bischofe in Min- den als Lehen empfangen, weil es in dessen Bereiche lag. Als erblicher Reichsgraf war Adolf dem Kaiser, als Besitzer freier Erbgüter dem Herzoge von Sachsen und in geistlicher Beziehung dem Bischofe von Minden unterworfen.

Mit der Regierung dieser Herren von Santers- leben beginnt für unsere Grafschaft eine neue Geschichte, wiewohl jene gleich dem früheren Westfalenlande noch wie vor zum Herzogtum Sachsen gehörte. Und diese Verbindung mit Westfalen ist auch die natürlichste, denn der Volksstamm mit seinen Sitten und Gebräuchen wie äußeren Erscheinung gleicht vollständig dem Westfälischen, jegliche Trennung von diesem war künstlich und darum unnatürlich, welche Unnatur selbst Jahrhunderte nicht verwischen konnte. Wenn daher 1648 die halbe Grafschaft im westfälischen Frieden durch den Machtspruch der Schweden und Franzosen Hessen überwiesen wurde, so war das nichts als Willkür, denn die Be- wohner der Grafschaft waren Norddeutsche und stammten nicht wie die Hessen von den Chatten, sondern von den Cheruskern, Angri- variern und Sachsen ab, nur eine nachherige 200jährige Geschichte hat sie infolge des erwähnten Friedens mit dem Hause Hessen verbunden.

Wir sind und bleiben daher nach wie vor in erster Reihe

4

Schaumburger und zwar um so mehr, als wir auf die meisten Schaumburger Regenten wirklich stolz sein können.

Graf Adolf I. von 1030—1052 baute sich 1030 auf dem Nettelberge — ein Vorberg des Paschenberges — eine Burg und nannte sich Graf Adolf I. von Schaumburg. Da nämlich Kaiser Konrad II. (von 1024—1039) die Erblichkeit der kleinen Lehnsherrschaften anordnete und gegen Ende des 11. Jahrhunderts die Gauverfassung in Deutschland fast gänzlich verschwand, so blieben die Grafen nicht mehr im strengsten Sinne des Worts Beamte des Königs, sondern sie sahen sich nunmehr als die eigentlichen Herren ihrer Ländern an und entlehnten ihre Namen von ihren Schlössern und Gütern. Ob und wann aber Adolf oder seine Nachkommen ihr Wappen, das Nesselblatt, vom Nettelberge ableiteten, läßt sich nicht genau angeben, bestimmt ist nur, daß dieses für die Grafschaft wie auch bald für Holstein das gemeinsame Wappen wurde.

Graf Adolf hatte ritterliche Tugenden, er wie seine Nachfolger waren kühne Helden im Kriege, weshalb sie des Reiches Jäger genannt wurden. Als tapferer Krieger begleitete er den Kaiser auf dessen Kriegszügen nach Italien 1027, gegen die Ungarn 1029, nach Burg 1033 und machte den Namen „Schaumburg" überall rühmlichst bekannt. Im Dienste des Kaisers war überhaupt der Krieg die wichtigste Obliegenheit der Grafen, selbst die Bischöfe zogen mit dem Schwerte in der Hand im Gefolge des Kaisers in den Krieg, und manche von diesen wußten das Schwert besser als den Krummstab zu führen. Gab es keinen Krieg oder keine Fehde, so wurde die Jagd gepflegt oder ein Turnier veranstaltet. Zwar führten die Grafen auch die Regierung, aber die war rein persönlich, darum einfach und kurz, wenngleich die Stände und später auch die Städte daran einen Anteil hatten, eine solche vielarmige Regierungsmaschine wie heute gab es damals nicht.

Unter den adeligen Geschlechtern, welche aus jener Zeit bis zur unsrigen noch fortdauern sind zu nennen die Landesberge, welche der Sage nach aus dem Elsaß stammen; die Münchhausen, welche ihre Abstammung von einem Schwager des berühmten Wittekind ableiten; die Westphale, (Miterben der Herren von Eckerstein, Exten) die im Mittelalter Schloß, Stadt und Herrschaft Wunsberg pfandweise besaßen; die Poste, Zersen, Oheime, Mengersen, Bardeleben, Busch, Brink, Ditfurth, Kienke rc.

Die Städte gründete allerdings schon besonders Heinrich I. (von 918—936), doch die vielen kleineren Städte entstanden erst im 13. und in folgenden Jahrhunderten, teils aus Ansiedlungen um einen gräflichen Burgsitz (daher Burgener, Bürger) z. B. Stadt-

hagen; oder durch Klostermeyer und die zum Kloster gehörigen
Personen z. B. Obernkirchen; oder durch Anbau auf adeligem Besitztum, z. B. Oldendorf; oder da, wo ein Kloster und adelige Güter
zusammenstießen, z. B. Rinteln. Die Städte Sachsenhagen, Rodenberg und Bückeburg erhielten erst später Stadtrechte.

Gehörte auch die ganze Grafschaft zur Mindener Diözese,
so teilten sich doch in den Grundbesitz der Grafschaft mit dem Grafen
zunächst die 3 geistlichen Stifter zu Möllenbeck, Obernkirchen und
Fischbeck, das Kloster Abdingshofen in Paderborn, das Kloster des
heiligen Jacobus zu Rinteln, das Kloster Egestorp, das Mindener
Domkapitel und die Colonie des Mindener Klosters St. Mauritii
und Simeonis zu Oldendorf. Auch die Kalands-Brüderschaft in
dieser Stadt besaß einige vom Stift Herford relevierende Lehen.
Sodann hatten die Adeligen wie auch einige Freie ihr Besitztum.
Ferner besaß Heinrich der Löwe einige Güter zu Apelern und
Vehlen, welche also wohl persönliches Eigentum der Herzöge von
Sachsen waren. Heinrich der Löwe verfügte über diese Güter zu
Gunsten des Klosters Obernkirchen. Endlich hatte solche Allodial-
Güter im alten Buckigau noch der Ascanier Dietrich von Werben,
ein Sohn Albrechts des Bären, welcher sie ebenfalls als Eigen-
tum an das Kloster verschenkte. Ueberhaupt disponierten viele der
sächsischen Herren, welche in der Grafschaft neben den Herren von
Santersleben begütert waren, über ihr Besitztum zu Gunsten des
Bistums Minden, worüber die Schenkungsurkunden des dortigen
Stifts Aufschluß geben. Daher rührten viele der Zinsen und Zehnten,
welche an das Domkapitel zu Minden aus dem Schaumburgischen
zu entrichten waren. Durch solche Schenkungen an die Kirche kommen
die mitunter so reich ausgestatteten Klöster. —

Dadurch, daß Kaiser Konrad II. die Erbfolge der Grafen
und kleinen Vasallen anordnete, wurden für alle Schichten der
Bevölkerung ganz andere Verhältnisse gezeigt; denn nun stieg die
Macht der Grafen den größeren Vasallen wie auch der ganzen
übrigen Landbevölkerung gegenüber, deshalb sah der Adel in den
Grafschaften sich veranlaßt, in den Dienst und unter den Schutz
des Grafen zu treten. Und das hatte wiederum die größte Veränderung der Freien und Unfreien im Gefolge, denn die ärmeren
der Freien traten nun in den Dienst des Adels und wurden deren
Meier. So stellten sich also alle mit ihrem Besitz unter den Schutz
des Mächtigeren, um von diesem nicht mehr schutzlos bedrückt zu
werden. Ebenso erhielten aber auch Unfreie solche Meierdienste
gegen Frohndienste, Zinsen und Zehnten, namentlich in den geistlichen Güterbezirken. Dadurch kamen also diese beiden Klassen der
Bevölkerung in eine gleiche Abhängigkeit von dem mächtigen Güter-

besitzer. Alle wurden entweder durch Darbringung ihrer Güter zu Lehen, oder durch Uebernahme verliehener Besitzungen, oder endlich durch Mißbrauch der Gewalt abhängig oder hörige Leute.

Die Meier, (Maiores) waren ursprünglich Oberaufseher des Hauses und der Bewirtschaftung des Gutes. Doch mit der Zeit erweiterte sich der Begriff und man nannte jeden Meier, der ein fremdes oder ursprünglich eigenes, nur lehnbar gewordenes Gut gegen Uebernahme gewisser Leistungen als Erbleihe verwaltete. Auf diese Weise wurden Freie zu Meiern der Edlen und Knechte zu Meiern der Freien.

Der Bauer (Colonus) war ebenfalls ursprünglich ein Freier. Als aber die Städte und die Adeligen sich mehrten und Unfreie an dem Land- und Feldbau durch die Meierverfassung teilnahmen, da galt der Bauer für einen Gegensatz der Herren und Ritter und wurde darum abhängig.

Die gemessenen oder gehegten (eingefriedigten) Landstücke, etwa 30 Morgen, nannte man altsächsisch hôve (Huve), wofür auch, wenn die Huve bewohnt war, der aus dem fränkischen Reiche nach Deutschland verpflanzte Ausdruck Mansus gilt.

Auf dem Herrenhofe (Mansus dominikus) lag die Wohnung oder der Edelhof des Gutsherrn und in der Nähe wohnten Freie und Unfreie als Hofhörige. — Viele Ländereien wurden den Walddistrikten durch Ausrottungen entnommen, was aber auf diese Weise gewonnen war, das wurde der Kirche zehntpflichtig und gab den Rottzehnten. Solches geschah meistens von den Kotsassen, Köter, d. h. Landleuten, welche keinen vollen Mansus oder keine ganze Huve besaßen, sondern auf eine Wohnhütte (Köt), Gärtchen und Weideplatz beschränkt waren. Diese hießen häufig Brinksitzer, von Brink, Anger, Grasgarten. — Die Abgaben beruhten auf den Verleihbedingungen und waren sehr ungleich und abweichend, entweder auf bestimmte Jahre, oder auf Lebenszeit, oder zur Erbleihe. Im Allgemeinen waren nur Unfreie zur Arbeit und zu den unzähligen, ungemessenen Frohndiensten verpflichtet, doch mit ihnen auch die Meier zu bestimmten Diensten, zu Zinsen an Getreide und Vieh, namentlich an Hühnern, (daher Leibhühner, Rauchhühner rc.) an Kleidern und zu Geldzinsen. Die Lieferung war gewöhnlich an bekannte Heiligentage gebunden, wobei dann oft eine Gegengabe z. B. ein bestimmtes Mahl oder ein freier Trunk erfolgte.

Unter dem Grafen standen die Vögte und Schöffen, Eidgeschworene, Geschworene. Noch blieb, wie in uralter Zeit, der Gerichtsort ein freier Platz unter einer Eiche oder Linde, z. B. auf der Schaumburg, auch auf Wiesen, Bergen oder Hügeln. Die Gerichte waren teils ungebotene, dann waren sie zu bestimmten Zeiten z. B. zu Walpurgis, Martini rc., oder gebotene, welche

angesagt wurden. Todesurteile wurden meistens in grausamer Weise
vollzogen, dagegen war die Buße oder Sühne oft ein billiger
Schadenersatz. Wie unmenschlich solche Todesurteile selbst zur Zeit
der Reformation noch waren, das zeigt uns das von Kaiser Karl V.
herausgegebene Strafgesetzbuch; darnach wurde z. B. ein bei der
That ertappter oder derselben überführter Wilddieb an einen Baum
geführt, alsdann wurde ihm der Leib geöffnet, ein Ende seiner
Gedärme an den Baum gebunden und der Unglückliche so lange
um den Baum geführt, bis alle Gedärme um den Baum aufge=
wickelt waren und der Gemarterte entkräftet zu Boden fiel. War
der Angeklagte der That nicht geständig, war weder seine Schuld
noch seine Unschuld völlig erwiesen, so wurde eine Berufung an
das höchste Wesen eingelegt, damit dasselbe die Wahrheit durch
Zeichen offenbare. Dabei mußte der Angeklagte sich unter priester=
licher Mitwirkung Gefahren aussetzen, welche niemand ohne Gottes
vermeintlicher Hilfe zu bestehen vermochte, und wer unversehens
daraus hervorging, der konnte sich auf ein für die Gerechtigkeit
seiner Sache geschehenes Wunder beziehen. Solche Berufungen
an das höchste Wesen nannte man Gottesurteile, und diese wurden
erlangt durch den gerichtlichen Zweikampf, in welchem der Be=
siegte für strafbar geachtet wurde;*) durch die Feuerprobe, in welcher
der Beklagte über glühende Kohlen, oder neue, glühende Pflugschare
mit bloßen Füßen gehen, oder ein glühendes Eisen mit bloßer Hand
einige Schritte weit tragen mußte, auch legte man ihm glühende
Kohlen auf den bloßen Fuß, oder ließ ihn durch ein Feuer gehen,
bei welchem letzteren Versuche ihm oft ein mit Wachs überzogenes
Hemd angezogen wurde, weshalb man dieses auch die Probe des
wächsernen Hemdes nannte. Fand keine Verletzung durch das Feuer
statt, so erklärte man ihn für schuldlos. Bei der Wasserprobe
hatte der Angeklagte einen Ring oder Stein aus einem Kessel sieden=
Wassers herauszunehmen, oder er wurde an Händen und Füßen
gebunden in fließendes Wasser geworfen. Diese Probe mußten
häufig Frauen, die der Zauberei angeklagt waren, bestehen; sank
die Angeklagte unter, so war sie unschuldig, schwamm sie aber auf dem
Wasser, so galt sie für schuldig. Das wurde auch die Hexenwage genannt.
Die Probe des geweihten Bissens bestand darin, daß man
dem Angeklagten ein Stück Brod oder Käse unter vielen Ver=
wünschungen in den Mund steckte. Derjenige, welcher es sogleich
ohne Mühe verschlucken konnte und nachher weder Krankheit noch

*) Diese Institution eines mit seinem geistigen Vermögen im kindlichen
Kreise stehenden Volkes dauert noch heute in den Duellen fort. Mit Recht ist
dieses daher vom Christentum wie auch vor der wahren Bildung längst ver=
urteilt.

Schmerzen empfand, wurde von der Strafe befreit. Der Probe des heiligen Abendmahls unterwarfen sich besonders Geistliche und Mönche, welche zum Beweise ihrer Unschuld das Abendmahl nahmen, indem man glaubte, daß Gott den Schuldigen nach dessen Genusse sogleich töten oder krank machen werde. Das Kreuzgericht war doppelter Art. Entweder stellte man den Kläger und den Beklagten mit ausgestreckten oder kreuzweise ausgebreiteten Armen eine Zeit lang unter ein Kreuz und verurteilte den, der zuerst die Hände bewegte oder sinken ließ; oder man bezeichnete von zwei Würfeln einen mit einem Kreuze und ließ ziehen, wo dann, wenn der gezogene Würfel das Zeichen des Kreuzes hatte, Befreiung von der Strafe erfolgte. Das Bahrrecht wurde hauptsächlich bei Erforschung der Mörder angewendet und bestand darin, daß man den vorgeblichen Mörder die Leiche, insbesondere die Wunden berühren ließ. Floß dabei Blut aus denselben oder trat Schaum aus dem Munde des Gemordeten, oder veränderte und bewegte sich angeblich der tote Körper, dann bestrafte man den Verdächtigen als Mörder. Bisweilen hatte der bis auf die Hüften entblößte Angeschuldigte bloß die vor Gericht gebrachte Hand des Ermordeten zu ergreifen, wobei er für schuldlos galt, wenn sich keine Zeichen an ihm ereigneten. — Was also Einfalt und Ratlosigkeit geschaffen, das kam später durch Aberglauben und Betrug zum höchsten Ansehen.

Von diesen alten Gottesurteilen erhielt sich in unserer Grafschaft bis ins 17. Jahrhundert hinein besonders das Wasserurteil gegen Hexen und Zauberinnen, wozu namentlich die Teiche bei der romantischen Arnsburg dienten, welches aus glaubwürdigen Nachrichten hervorgeht. Auch das westfälische Fehmgericht wurde in unserer Grafschaft gehandhabt.

Da der Wald ursprünglich ein Eigentum der Markgenossen war, d. h. derer, welche daraus Nutzen zogen, so bestand auch hier eine Markgenossenschaft, deren Aufgabe es war, für die Erhaltung und Kultur der Waldungen nach bestimmten Gesetzen zu sorgen. In Rücksicht auf den Gütererwerb und das Eigentum der Frau galt das alte Herkommen, daß die Frau zwar eigenes Vermögen, nämlich ihre Morgengabe und ihr Eingebrachtes besaß, wovon dem Manne die Verwaltung und der Nießbrauch zukam, übrigens aber an dem Erworbenen keinen Anteil hatte. —

Graf Adolf I. starb 1055 im hohen Alter und ist in Minden auf dem Werder neben seinem Bruder, dem Bischof Bruno, der ebenfalls in diesem Jahre starb, begraben. Von seinen Söhnen wie von seinem unmittelbaren Nachfolger meldet uns die Geschichte nichts, denn jedenfalls muß zwischen ihm und dem zweiten Adolf mindestens ein Glied fehlen, weil er im hohen Alter 1055 starb und dieser erst 1106 auftritt. Leider besitzen wir aus dieser Zeit auch keinerlei die Grafschaft betreffende Nachricht; nur in einer Chronik der Ascanischen Grafen wird ein Bruder Albrechts des Bären Namens Werner genannt, dessen Tochter Barbara mit dem Grafen Georg von Schaumburg vermählt gewesen sein soll. Ob dieser Georg nun der Sohn und Nachfolger des ersten Adolfs war, kann nicht bestimmt behauptet werden. Vielleicht war dieser Nach= folger ein stiller, friedliebender Mann, so daß seiner während der ungemein stürmischen Zeit Kaiser Heinrichs IV. gar nicht gedacht wurde.

Herzog Bernhard II. von Sachsen, aus dem Geschlechte der Billunger, der selbst dem starken Kaiser Heinrich III. gegenüber sein Ansehen und seine Macht zu behaupten wußte, hatte seit 1020 die Grenzen seines großen Herzogtums durch Besiegung der Wenden an der Mündung der Elbe und an der Küste der Ostsee bedeutend erweitert. Unter seinem Schutze stand auch seit 1047 das neue Obotritische Königreich an der Ostsee, welches aber nur bis 1066 dauerte, weil nach Gottschalks, des Stifters, Ermordung alle wen= dischen Stämme sich zur Vertilgung des ihnen aufgedrungenen Christen= tums vereinigten, Bischöfe und christliche Priester verjagten oder töteten und durch die Wiederherstellung des Heidentums den Bezirk der geistlichen Gewalt so einschränkten, daß sogar das Erzbistum Hamburg 1072 nach dem entfernteren Bremen verlegt werden mußte. Die heidnischen Wenden verwüsteten auch deutsche Länder und er= schlugen sogar den Grafen Gottfried von Nordalbingen; dieses um= faßte 4 Provinzen: Holstein, Stormarn, Ditmarsen und Wagrien.

Während also hier eine wilde heidnische Mordlust herrschte und in Deutschland schlimmer als je die grausigen Fackeln langer Bürgerkriege hell aufloderten, starb 1106 Herzog Magnus von Sachsen ohne Erben. Er war der letzte aus dem Hause der Billunger, denn er hinterließ nur 2 Töchter, die eine war verheiratet an den Grafen von Ballenstädt und wurde Mutter Albrechts des Bären, die andere war verheiratet an den Welfenherzog von Baiern und wurde Mutter Heinrichs des Stolzen. Das nunmehr erledigte Her= zogtum Sachsen verlieh Kaiser Heinrich V. (1105—1125) dem Grafen Lothar von Supplinburg, welcher auch an der Weser durch seine Gemahlin Richerza begütert war. Der suchte nun als Lehns= herr unter seinen Bekannten und neuen Vasallen einen entschlossenen Mann, um ihm die Bewachung und Verwaltung der durch wen= dische Völker so sehr bedrohten Grenzprovinzen im Norden seines Herzogtums übertragen zu können, denn durch die fortwährenden Einfälle der räuberischen Wenden war dieses Land immer nur ein zweifelhafter Besitz für den Herzog von Sachsen. Seine Wahl fiel auf den Grafen Adolf von Schaumburg, wahrscheinlich ein Enkel unseres ersten Adolfs. Dieser empfing 1106 vom Herzog

Lothar, der 1125 auch Kaiser wurde, als Lehnsherrn die Graf=
schaft Holstein, Stormarn und Wagrien, eine Belehnung, die
wegen der herrschenden Unruhen in Deutschland erst 1121 vom
Kaiser Heinrich V. bestätigt werden konnte. Von demselben, aller=
dings nachherigen Kaiser Lothar, erhielt auch aus demselben Grunde
und zu gleichem Zweck 1133 der Ascanische Graf Albrecht der Bär
die Nordmark, welche schon 927 vom Kaiser Heinrich I. gegen die
Wenden errichtet wurde und aus welcher der spätere Preußische
Staat hervorgegangen ist.

Zu den 1106 neu übertragenen Ländern gehörte:
1) Holstein, welches durch die Eider und Störe begrenzt war;
2) Stormarn, welches von der Elbe bis zur Störe reichte,
   wozu auch Hamburg gehörte, letzteres verweigerte indes schon
   im 14. Jahrhundert den Huldigungseid;
3) Wagrien, welches den östlichen Teil von Holstein bis an
   die Ostsee umfaßte, wozu auch Lübeck gehörte.

Diese Grafschaft Holstein gehörte also wie die Grafschaft
Schaumburg zum Herzogtum Sachsen und die Grafen hatten überall,
besonders aber hier an den Mündungen der Weser und Elbe die
Aufgabe, die Rechte ihrer Herzöge zu wahren. Demnach war dem
hochstrebenden Geiste der Grafen von Schaumburg=Holstein
nunmehr ein Schauplatz gegeben, der ihnen vielfach Gelegenheit
bot, den Wirkungskreis ihrer Thätigkeit bedeutend auszudehnen.
Diese fand denn auch, was die kleine Grafschaft Schaumburg nicht
gewähren konnte, eine rühmliche Teilnahme an den wichtigen Er=
eignissen im nördlichen Deutschland.

Darum lebt das Andenken unserer Grafen nicht wie das
ihrer Nachbarn der Grafen von Wunstorp, Hallermund, Wölpe,
Schwalenberg, Sternberg, Peremunt (Pyrmont), Eberstein 2c. nur
schwach noch fort in Klosterstiftungen, in vermoderten Pergamenten
über Verträge 2c. oder in den verfallenen Mauern ihrer einstigen
Burgen, sondern von ihnen zeugen die großen und mächtigen Städte
Hamburg und Lübeck, ihnen gehört vorzugsweise die Verbreitung
der christlichen Kultur unter den slavischen Völkerstämmen, ihnen
gebürt zum großen Teil der Sieg des germanischen Elements in
den Ländern der Obotriten und ihrer Nachbarn, unter ihrem Banner
kehrten die Sachsen in die Wohnplätze der Vorfahren zurück. Und
wenn es wahr ist, daß grade in diesen Wendenländern die Kinder
ihre betagten Eltern, Blutsfreunde und andere Verwandte, auch die,
welche zum Kriege oder zur Arbeit nicht mehr tauglich waren,
töteten, kochten und aßen, oder sie auch lebendig begruben — und
für die grenzenlose Rohheit dieser Völker spricht die häufige Er=
mordung ihrer Fürsten, die üblichen Martern an den Verbrechern,
die blutigen Menschenopfer 2c. — so ist das Verdienst der Grafen

von Schaumburg sicherlich schon deshalb sehr groß, weil sie durch Einführung des Christentums solchen entsetzlichen Grausamkeiten in diesen Ländern ein Ziel setzten.

Im völligen Bewußtsein ihrer schwierigen Aufgabe entfalteten denn auch die Grafen von Schaumburg hier an den Küsten der Ost- und Nordsee eine Tapferkeit, durch welche sie überall geachtet und gefürchtet wurden; sie entwickelten eine Thätigkeit, welche von den weittragendsten Folgen, ja von großer geschichtlicher Bedeutung war. Sie verfügten ferner über die Kronen verschiedener Länder. Von ihnen stammen mütterlicherseits die gegenwärtige Königliche Familie von Dänemark, die Kaiserliche Familie von Rußland und die Herzogliche Familie von Oldenburg. Die ihnen freiwillig angebotenen Königskronen von Dänemark und Schweden lehnten sie ab. —

Graf Adolf II. von 1106 bis 1122 war also Graf von Schaumburg und Holstein. Er verweilte häufig im Gefolge des Herzogs Lothar; ferner erwarb er sich große Verdienste um die von den Wenden zerstörte Stadt Hamburg, indem er hier den Dom wieder aufbaute und die Stadt verschönerte und erweiterte; endlich breitete unter seinem Schutze, freilich mit abwechselndem Erfolg, der aus Hameln gebürtige Bischof Vicelin das Christentum unter den Obotriten aus. Ueberhaupt war seine Regierung so thatkräftig und erfolgreich, daß er bei seinem Tode auch diese nördliche Grafschaft als ein gesichertes Lehen seines Herzogs seinem Sohne übertragen konnte. Er starb 1122, wurde zu Minden im Benedictinerkloster auf dem Werder begraben und hinterließ 2 Söhne, Hartung und Adolf, von denen ihm der ältere zunächst folgte.

Graf Hartung von 1122—1126. Dieser vollendete 1125 auf der Schaumburg den von seinem Vater schon begonnenen Bau einer Kapelle und ließ sie vom Bischof Siegbert zu Minden einweihen. Doch schon im Anfange des 17. Jahrhunderts lag diese Kapelle wieder in Trümmern. Im Jahre 1126 finden wir ihn in der Begleitung des Kaisers Lothar bei dessen Feldzuge gegen die Böhmen, in welchem er fiel. Ihm folgte in der Regierung sein Bruder Graf Adolf III. von 1126—1164. Dieser war der jüngere Bruder Hartungs und von seinem Vater für kirchliche Würden bestimmt, weshalb er auf der damals berühmten Klosterschule zu Paderborn wie auch in Paris erzogen wurde. Da aber sein Bruder Hartung so plötzlich einen rühmlichen Tod auf dem Schlachtfelde fand, so mußte er seine Studien verlassen, um dem wildbewegten Kriegsleben an den Küsten der Ost- und Nordsee seine Zeit und Kräfte zu widmen. Er war ganz geeignet, in des Vaters Fußtapfen zu treten, ja er besaß noch mehr als dieser die Eigenschaften, wodurch ein Fürst dem Volke gegenüber imponiert, denn

er war beredt, der lateinischen, deutschen und slavischen Sprache
kundig, in göttlichen und weltlichen Dingen wohl bewandert, nach
dem Geiste jener Zeit fromm und daher ein Freund des thätigen
Vicelin, dabei war er tapfer und unerschrocken. Sein erstes Auf=
treten im Kampfe gegen die Dänenkönige Nikolaus und Magnus
für den Kronprätendenten Erich war zwar nicht vom Glück begünstigt,
doch wußte er seinen Einfluß wie auch seinen Besitz ungeschmälert
zu behaupten.

Als dann Kaiser Lothar das Herzogtum Sachsen seinem
Schwiegersohne, dem Herzog Heinrich dem Stolzen von Baiern,
einem Welfen, geschenkt hatte und 1137 nach Lothars Tode der
Hohenstaufe Konrad III., ein Gegner der Welfen, Kaiser wurde,
(1137—1152), nahm dieser dem Welfen das Herzogtum Sachsen,
weil es rechtswidrig sei, zwei Herzogtümer zu besitzen, und schenkte
es dem taferen Albrecht den Bären, welcher es ebenfalls als ein
Sprößling der Billunger um so mehr beanspruchte, weil der Welf
schon das Herzogtum Baiern besaß. Der Welf war jedoch damit
nicht zufrieden, weshalb es zwischen beiden zum Kampf kam. Da
Adolf seinen geleisteten Vasalleneid nicht brechen wollte, so stand er
in diesem Kampfe auf der Seite des Welfen. Allein Kaiser Konrad III.
trat mit bewaffneter Macht für Albrecht ein, infolge dessen erlitten
die Welfen Niederlagen, weshalb auch Adolf aus seinen holsteinischen
Ländern vertrieben wurde. So sah er mit einem Male verloren,
was sein Vater und er mit vielen Anstrengungen erworben hatte.
Der neue Herzog Albrecht der Bär setzte an seine Stelle Heinrich
von Bardewiek zum Grafen von Holstein.

Dennoch setzten die Welfen, selbst trotzdem Heinrich der
Stolze 1139 an Gift starb, den Krieg für dessen Sohn Heinrich
den Löwen fort, und weil das Kriegsglück sich zu ihren Gunsten
wandte und die Slaven diese Unruhen benutzten, deshalb gab der
Kaiser dem jungen Heinrich das Herzogtum Sachsen zurück. Da=
durch kehrte auch Graf Adolf in seine nordischen Besitzungen zurück.
Nun suchte dieser die verwüsteten Städte und Dörfer wie veröbeten
Felder durch Kolonisten aus Flandern, Holland, Friesland und
Westfalen unter günstigen Bedingungen möglichst rasch wieder auf=
zubauen. Auch das jetzige Lübeck erbaute er an einer geeigneteren
Stelle als die, auf welcher das alte Lübeck gestanden hatte. Er
genoß das volle Vertrauen seines neuen Lehnsherrn Heinrichs des
Löwen und erwarb sich die Freundschaft des mächtigen Obotriten=
fürsten Niclot. — Als aber um diese Zeit der Kreuzprediger Bern=
hard von Clairveaux auftrat, beschloß man einen Kreuzzug gegen
die Saracenen, an dessen Spitze der Kaiser stand; einen Zug wider
die Ungläubigen in Lissabon und einen Vertilgungskrieg gegen die
heidnischen Wenden. Letzterer war Adolf sehr unbequem, denn er

durfte dem Freunde Niclot nicht helfen, was dieser freilich ver=
langte, und konnte auch für die Sache des Christentum nicht un=
thätig bleiben. Weil nun Adolf dem Freunde die Hülfe versagte,
deshalb verwüstete Niclot zunächst sein Land; als aber das Kreuz=
heer kam, wurde dieser zwar besiegt aber doch nicht völlig bezwungen.
Adolf suchte seinem Lande möglichst wieder aufzuhelfen und
erneuerte deshalb auch sehr bald wieder die Freundschaft mit Niclot.

Großen Ruhm erwarb sich Adolf dann in einem Kriege
gegen den dänischen König Swend, welcher in Wagrien einfiel.
Adolf erkämpft an der Eider mit 400 Mann, die sich durch Eid
mit ihm verbunden hatten, entweder zu siegen oder zu sterben, gegen
das dänische Heer einen Sieg, der den Thaten eines Leonidas und
Miltiades gleichzustellen ist.

Obgleich Heinrich der Löwe Adolf wegen Abtretung des auf=
blühenden Lübecks und Zerstörung des Salzwerks Thodeslo schwer
kränkte, so blieb dieser seinem Lehnsherrn doch treu ergeben, auch
Heinrich bewahrte ihm derart sein Vertrauen, daß er ihm nicht
nur die Statthalterschaft über die sächsischen Länder übertrug, son=
dern ihn in seiner Begleitung auf einem Zuge nach Italien hatte
und ihn sogar mit dem Erzbischof von Köln nach England sandte,
um hier eine Heirat zwischen Heinrich und einer englischen Prin=
zessin zu vermitteln.

Während dieser Abwesenheit überzog Heinrich der Löwe den
Obotritenfürsten Niclot mit Krieg, in welchem dieser Land und Leben
verlor, weshalb nun Deutsche in diese verwüsteten Länder wieder
eingezogen. Als Adolf zurückkehrte, beteiligte er sich an diesem Kriege,
wurde aber in einem Kampfe bei Demmin 1164 von den Wenden
erschlagen. Heinrich beweinte seinen Tot und rächte ihn durch eine
furchtbare Niederlage der Slaven. Sein Leichnam wurde nach
Minden gebracht und daselbst begraben. Seine Grafschaft behielt
die Witwe Mechtildis mit ihrem noch unmündigen Sohne Adolf,
welchem Heinrich der Löwe in der Person des Grafen Heinrich
von Orlamünde einen Vormund gab, der später auch dessen Stief=
vater wurde.

Unter Adolf III. lebte auf dem Bruchhofe bei Stadthagen
Ritter Broke der Wunderbare. Nachdem dieser in den Jahren
1160—1168 seine Kinder und Brüder durch die Pest verloren
hatte, schenkte er mit Einwilligung seiner beiden Schwestern und
seines Schwagers dem Dom zu Minden 4200 Morgen mit Mühlen,
Vorwerken, Waldungen und Höfen, welche im Gau Osterburg,
Buckigau, Merstemen und Salessen, bei Rinteln, Engern,
Horsten und anderen Orten lagen, wofür er eine lebenslängliche
Präbende erhielt. Von dieser durch Heinrich den Löwen bestätigten
Schenkung rühren die Zehnten und Zinsen des Mindener Dom=

kapitels im Schaumburgischen her, welche erst in neuerer Zeit ab-
gelöst wurden.

Graf Adolf IV. von 1164 (1175)—1225. Die Witwe
des bei Demmin gefallenen Adolfs führte mit dem Vormunde und
Stiefvater des jungen Adolfs die Regierung, während dieser am
Hofe des löwenmutigen Herzogs Heinrich erzogen wurde; sobald er
aber mündig wurde, trat er 1175 selber die Regierung an. Er
verband mit der Tapferkeit seines Vaters einen unbeugsamen Trotz,
welcher wohl der Grund zu seinem stürmischen und wechselvollen
Leben war. Zuerst kettete ihn eine innige Freundschaft an Heinrich
den Löwen, die aber bald in bittere Feindschaft und unauslöschlichen Haß umschlug.

Als nämlich Heinrich der Löwe vom Kaiser Friedrich I.
(1152—1190) in die Reichsacht erklärt und aller seiner Länder,
welche von der Nord- und Ostsee bis zum Adriatischen Meere
reichten, entsetzt wurde, erhielt Otto von Wittelsbach Baiern,
Bernhard von Ascanien Sachsen und der Erzbischof von Cöln
Engern und Westfalen. Dieser griff in Verbindung mit den Bischöfen
von Halberstadt, Magdeburg und Minden wie auch mit dem Landgrafen von Thüringen zu den Waffen, um die Länder des geächteten
Löwen zu teilen. Auf Heinrichs Befehl aber zogen die ihm treu
gebliebenen Grafen, Adolf von Schaumburg-Holstein, Bernhard
von Ratzeburg, Bernhard von Wölpe, Günter von Schwerin,
Ludolf und Wilbrad von Hallermund, Bernhard von der Lippe und
andere über die Weser und stießen mit den Gegnern bei Osnabrück
auf dem Harlefelde zusammen. Ein vollständiger Sieg lieferte
eine Menge Gefangene in ihre Gewalt, welche die Grafen zur
Vergeltung der Kriegskosten für sich behalten wollten, aber Herzog
Heinrich verlangte ebenfalls seinen Anteil. Einige Grafen gaben
nach, jedoch Adolf nicht, vielmehr behielt er seine Gefangenen, 72
Vornehme an der Zahl, und sandte sie nach Holstein.

Da Heinrich hierin eine Verletzung des Vasallen-Gehorsams
erblickte, so wandte er sich erbittert mit einer Schaar nach Holstein
und verjagte seinen bisherigen treuen Freund Adolf, so daß dieser
mit seiner Mutter in das Erbgut an der Weser flüchten mußte.
Hier suchte Adolf seinem Feinde zu schaden, denn er zerstörte die
der Schaumburg gegenüberliegende Burg Hohenrode an der Weser,
welche damals, kurz vorher erbaut, ein Eigenthum Heinrichs unter
Wunstorfischer Lehnsverwaltung war.

Als aber der Kaiser selber mit großer Heeresmacht gegen
Heinrich zog und diesen in Stade einschloß, da mußte der stolze
Löwe fußfällig um Gnade bitten. Zahlreiche Feinde fielen nun über
seine Länder her. Sachsen, jedoch geschmälert, kam an Ascanien;
Adolf erhielt seine Länder zurück und Heinrich bekam vom

Kaiser nur seine Brunischen, Billungischen und Nordheimischen Allodien zurück, dazu mußte er auf drei Jahre Deutschland verlassen. Er ging mit Groll im Herzen gegen Adolf nach England.

Adolf folgte 1189 dem Rufe des Kaisers zu dem großen und glänzenden Kreuzzuge und war unter denen, welche nach des Kaisers Tode wirklich in Palästina anlangten. Dieser Kreuzzug hatte weiter keinen Erfolg, als daß Tausende von Christen zwecklos geopfert wurden, denn Saladin behielt Jerusalem; doch wurde Adolf im gelobten Lande ein Beförderer und Pfleger des neu entstandenen Deutsch-Ritter-Ordens.

Als er in Tyrus die Nachricht erhielt, der aus England zurückgekehrte Heinrich habe ihn aller seiner Länder beraubt, eilte er nach Deutschland zurück und eroberte mit Hülfe Bernhards von Sachsen und Ottos von Brandenburg, (Söhne Albrechts des Bären), denen alles an der Unterdrückung Heinrichs gelegen war, seine Länder wieder, nachdem bereits 1190 auf dem Fürstentage zu Fulda seine Wiedereinsetzung rechtlich ausgesprochen war. Aber das Glück war ihm nur auf kurze Zeit günstig, denn nachdem er 1197 abermals einen Kreuzzug gegen die Saracenen mit großer Tapferkeit beigewohnt hatte, brachte ihn nach seiner Rückkehr ein unglücklicher Kampf mit dem Dänenkönig Kanud IV. 1201 in eine harte und schmachvolle Gefangenschaft des Herzogs Waldemar von Schleswig, aus welcher er sich 1203 nach vielen Mißhandlungen nur durch die eidliche Entsagung aller Ansprüche auf Holstein, Stormarn und Wagrien befreien konnte. Nachdem er als Bürgen seines Versprechens zwei seiner Söhne, Bruno und Konrad, gestellt hatte, begab er sich mit seiner Familie ins Schaumburgische, wo er nun ruhig und in stiller Zurückgezogenheit lebte. Er bereicherte die Kirchen seiner Erbgrafschaft mit mancherlei Reliquien und Heiligtümern, welches die einzigen Früchte seiner Pilgerfahrten waren und zum Andenken an diese fügte er dem Schaumburgischen Wappen, dem Nesselblatte, die drei Nägel hinzu und schmückte es mit einer Dornenkrone.

Unter seiner Regierung wurde die Kapelle und das Schloß Bunkenburg oder Bückeburg bei Obernkirchen nebst Zubehör dem Kloster zu Obernkirchen geschenkt von dem Grafen Dietrich von Werben, welcher ein Sohn Albrechts des Bären war.

Graf Adolf IV. starb 1225 und wurde zu Loccum begraben. Sein ältester Sohn Bruno wurde Bischof zu Olmütz, welcher die Kirche zu Propsthagen stiftete und später mit Ottokar von Böhmen nach Preußen zog, um den heidnischen Bewohnern dieses Landes das Christentum zu bringen. Hier gründete er ein Bistum und die nach ihm benannte Stadt Braunsberg, das ist das heutige Bistum Ermland. — In der Grafschaft folgte ihm sein zweiter Sohn Graf Konrad I. von 1224—1238. Die Lebens- und Regierungsgeschichte dieses Grafen ist dunkel, von ihm hat die Geschichte nichts aufgezeichnet. Wahrscheinlich stand er in jeder Beziehung seinem jüngeren Bruder Adolf nach, weil dieser nicht nur die holsteinischen Besitzungen zurückeroberte, sondern auch im Schaumburgischen manches that, was nur dem Regenten ge- bührte, so baute er z. B. 1230 Neu-Rinteln und das Kloster daselbst. Konrad starb und war der erste, der in dem neuerbauten Cistertienserkloster zu Rinteln begraben wurde.

Wir können daher diesen Konrad unberücksichtigt lassen und auf Adolf IV. dessen dritten Sohn Adolf V. folgen lassen.

Graf Adolf V. von 1225—1239. Das dänische Joch er- trugen die Deutschen in Holstein höchst unwillig, wiederholt baten sie Adolf IV. doch zurückzukehren. Als dieser aber seines Eides wegen entschieden ablehnte, wandten sich die Bittenden an seinen dritten Sohn, den kühnen und thatendurstigen Adolf. Dieser, auf dem der Geist der Väter ruhte, sagte zu.

Eine edle Frau von Diest nahm den jugendlichen Adolf mit nach Holstein und verbarg ihn lange Zeit in ihrer Wohnung auf Haus Kellingdorf.

Bald darauf empörte sich der Adel Holsteins gegen des Königs Amtmann auf Segeberg, verjagte und tötete denselben. Nun kam der Dänenkönig und züchtigte die Holsteiner. Darauf stellte sich der junge Adolf an die Spitze der Holsteiner, und der gebeugte Vater, welcher ihm aus dem Schaumburgischen Hülfstruppen sandte, hatte noch am Abend seines Lebens das Glück zu sehen, wie sein mutiger Sohn, allerdings unter Begünstigung der Umstände, die holsteinischen Länder zurück eroberte und deren Besitz durch die Gewalt der Waffen zu behaupten wußte, obgleich die damaligen deutschen Kaiser, Otto IV. und Friedrich II. nacheinander den Dänenkönig Waldemar II. im Besitz der deutschen Länder bestätigt hatten. Es lebten damals drei höchst kriegerische und tapfere Männer in jenen Gegenden, der Erzbischof Gerhard von Bremen, ein geborner Graf von der Lippe, der Graf Heinrich von Schwerin und Graf Heinrich von Werle. Mit diesen verband sich Adolf V., und was im offenen Kampfe gegen den Dänenkönig, welcher die Verwaltung der hol- steinischen Lande dem Stiefbruder Adolfs, Albert von Orlamünde, übertragen hatte, wahrscheinlich nicht gelungen wäre, das glückte dem unerschrockenen Heinrich von Schwerin durch eine ebenso kühne als listige That; er bemächtigte sich durch einen Ueberfall des Dänen- königs, der über 1400 Schiffe und 160 000 Krieger gebot, führte ihn nach Dannenberg und hielt ihn hier gefangen trotz der Ab- mahnungen des Papstes und des Kaisers. Erst nach zweijähriger Haft gab er ihn los, nachdem derselbe gelobt hatte, seinen sämtlichen deutschen Besitzungen zu entsagen, seine Krone vom deutschen Reiche als Lehen zu nehmen und ein großes Lösegeld zu zahlen. Letzteres erhielt Heinrich von Schwerin, Adolf von Schaumburg erhielt 1225 Holstein, Ditmarsen, Wagrien und das Schloß Rendsburg. Aber der befreite König war nicht gewillt seinen Eid zu halten, sehr bald erschien er mit einem gewaltigen Heere. Doch der Erzbischof von Bremen und die Grafen behaupteten ihre Rechte in der blutigen Schlacht bei Bornhövede am 22. Juni 1226, in welcher auch die Ditmarsen zu Adolf übergingen.

Hier erfochten die Deutschen unter Adolf von Schaumburg einen glänzenden und entscheidenden Sieg, wodurch diese Länder wieder an das deutsche Reich kamen und die Macht der Dänen auf lange Zeit gebrochen wurde. Adolf aber sicherte sich seine Lande noch mehr durch die Vermählung seiner Tochter mit Abel, welcher ein Sohn des Königs Waldemar und zugleich Herzog von Jütland war. Diesem leistete er auch gegen den Bruder Erich Beistand bis Abel selber zur königlichen Würde gelangte.

Nachdem endlich Adolf 1236 einen Kreuzzug nach Liefland, mehrere verheerende Züge gegen die Ditmarsen vollendet und durch viele tapfere Thaten sich Ruhm erworben hatte, ging er plötzlich, vielleicht betroffen durch das Andenken an die Greuel des liefländischen Vertilgungskrieges gegen die heidnischen Reußen, oder infolge eines in der Schlacht bei Bornhövede gethanen Gelübdes, 1239 in das graue Kloster zu Hamburg als Mönch, reiste nach Rom zum Papst Innocenz IV., der ihm erlaubte Priester zu werden und alle Weihen zu empfangen. Zurückgekehrt und 1245 vom Bischof Johann zu Lübeck zum Priester geweiht las er Messe und ging sogar barfuß als Klosterbruder betteln. Dann baute er in Kiel das Kloster der Barfüßler, lebte hier unter strengen Bußübungen und starb 1261 als Priester. Nach seinem Wunsche wurde er in dem von ihm erbauten Kloster zu Kiel begraben. Als er 1239 ins Kloster ging, trat er die Regierung seinen beiden Söhnen Johann und Georg ab, zunächst jedoch unter Vormundschaft des Herzogs Abel von Jütland, welcher später König von Dänemark wurde. Unter seiner Regierung entstand 1241 der Hansabund, von welchem Lübeck Stamm- und Hauptort wurde.

Für unsere Grafschaft ist er besonders noch dadurch merkwürdig, weil unter ihm die jetzige Stadt Rinteln entstand. Nachdem nämlich sein Vater 1203 aus der dänischen Gefangenschaft nach Schaumburg zurückkehrte und hier friedlich und fromm lebte, verlegte dieser 1224 das Cistercienser-Nonnenkloster des heiligen Jakobus von Stadthagen nach dem Dorfe Rinteln. Dieses Dorf lag da, wo sich die Wege nach Todenmann und Dankersen trennen und wo man noch vor wenigen Jahren die Grundmauern und

Pfeilerunterfätze einer alten Kapelle fand. Die vielfachen Fehden jener Zeit mochten wohl die Veranlassung sein, das Kloster hierhin zu verlegen, weil es hier durch den Fluß wenigstens von einer Seite her geschützt war. Doch Adolf der V. verlegte es schon 1230 schräg gegenüber an die linke Seite der Weser, wo heute die Stadt Rinteln steht, damals aber das Dorf Bleckenstede lag, weil dieser Platz fast von allen Seiten Schutz gewährte. Es ist nämlich sehr wahrscheinlich, daß zu jener Zeit ein Arm der Weser von Exten direkt unterhalb Hessendorf vorbei nach Varenholz floß, wo er sich mit dem anderen Arm wieder vereinigte. Die Vertiefungen wie auch die Namen einzelner Feldfluren lassen darauf schließen.

Das Dorf Bleckenstede bestand damals nur aus einigen armseligen Fischerhütten und aus einer im Jahre 943 daselbst erbauten Kapelle, die Ringelklause später auch Terminei genannt, weil hier schon 1098 das Domkapitel zu Minden seine Rechnungstermine abhielt, also seine Renten einzog. (Wahrscheinlich ist der Name Rinteln aus Rentenen, Renten entstanden.) In dieser Ringelklause verrichtete auch der Wanderer das Dankgebet für seine glückliche Ueberfahrt über den Fluß. Sie stand an der Mündung der Engenstraße, wo 1846 das Häfeker'sche Haus erbaut wurde, erst bei diesem Bau wurde sie völlig niedergerissen.

Es war natürlich, daß Handwerker und andere Arbeiter von dem alten Rinteln mit hinüberzogen und sich in der Nähe des Klosters anbauten. Vielleicht war auch Krieg, Brand oder anderes Unglück die Veranlassung zur Uebersiedelung, jedenfalls sahen sie sich in unmittelbarer Nähe des Klosters mehr als irgend wo anders vor allen solchen Gefahren geschützt. Außer Hab und Gut brachten sie auch ihren alten Ortsnamen mit herüber, so daß der Name Bleckenstede ungebräuchlich wurde und es nunmehr ein Neu-Rinteln im Gegensatz zu Alt-Rinteln gab. Dieses wie andere umliegende Dörfer, deren Bewohner und Feldmarken Neu-Rinteln vielleicht infolge von Unglücksfällen in sich aufnahm, sind im Laufe und Strome der Zeit ganz und gar verschwunden, nur einzelne Namen erinnern noch an ihre frühere Existenz; so lag z. B. Eisbergen gegenüber, nahe am linken Weserufer, das im Jahre 1015 zu erst und 1360 zuletzt erwähnte Dorf Othbergen; am Wege von Rinteln nach Steinbergen auf dem rechten Weserufer lag das 1153 zuerst und 1375 zuletzt genannte Dorf Stedern, woran der Name Störbusch erinnern mag und welches vielleicht im Brinkhofe noch fortbesteht; unterhalb der Doctorweide lag das 1218 zuerst und 1359 zuletzt erwähnte Dorf Hatteln, woran die dortige Feldmark und der Hatteler Weg noch heute erinnern; und wo jetzt die östlichsten Häuser von Hessendorf stehen lag das

1221 zuerst und 1483 zuletzt erwähnte Dorf Rottdorf, weshalb noch heute das östliche Haus von Hessendorf zur Gemarkung der Stadt Rinteln gehört; ferner das 1334 zuerst und 1444 zuletzt genannte Uptorp, welches einige an der Stelle des jetzigen Dorfes Uchtorf annehmen, andere dagegen behaupten, es habe unter dem Notberge gelegen, da wo jetzt noch die beiden Höfe, der große und der kleine Kroll stehen; endlich das 1348 zuerst und 1359 zuletzt erwähnte Dorf Tuttenhausen, welches an der jetzigen Kasseler Straße lag und vielleicht noch in dem Hofe Strübensieke fortbesteht. — Wenn schon die damaligen Fehden diese Dörfer verwüsteten, so wurden die letzten Trümmer derselben durch den verheerenden 30jährigen Krieg für immer vernichtet.

Alt=Rinteln bestand bis ins 16. Jahrhundert, sogar im 17. Jahrhundert sah man noch Reste der Kirche und der Wohnungen dieses Ortes, und heute noch heißt im Volksmunde wie auch auf den Flurkarten ein Platz auf dieser Stätte der alte Rintelnsche Kirchhof.

Daß Neu=Rinteln so schnell aufwuchs, verdankte, dieser Ort einesteils dem hohen Interesse, welches die Grafen von Schaumburg an dem Gedeihen dieser neuen Stadt nahmen und durch zahlreiche Schenkungen und Privilegien bekundeten, sie bekam schon 1239 die Stadtrechte und 1238 schenkte Graf Adolf V. dem neuen Kloster 420 Morgen Land, eine Mühle an der Exter und 1680 Morgen Wald; anderenteils wurde das schnelle Wachsthum der Stadt durch die Ansiedlung des Adels befördert. Das Domkapitel zu Minden hatte nämlich einen in Exten angesessenen und reich begüterten Ritter, Gerslaf von Eckarstein, in Stiftsangelegenheiten mit einer vertrauten Botschaft nach Rom gesandt, und als dieser nach glücklich erledigtem Auftrage von seiner Sendung zurückkehrte, belohnte es denselben mit der erwähnten Ringelklause nebst verschiedenen Ländereien und Zehnten, infolge welcher Schenkungen sich Gerslaf im Jahre 1236 einen Hof in Neu=Rinteln baute. (Exten ist wohl eins der ältesten Dörfer in hiesiger Gegend, denn in der Bestätigungs= urkunde des Klosters Möllenbeck vom Jahre 896 wird die Lage des Klosters dadurch bestimmt, daß es unterhalb des Dorfes Achriste erbaut sei; in späteren Urkunden heißt es Ackerste, Eckerstein, Eckerste und zuletzt Exten.) — Damit nun das neu angelegte Kloster in Neu=Rinteln sicheren Schutz habe, zogen außerdem noch mehrere Ritter in die neue Stadt, und so entstand eine Reihe von Ritter= höfen, welche wiederum mehr und mehr Menschen anzogen, und dieses hatte dann die Verleihung von mancherlei Rechten zur Folge.

Im Jahre 1257 war die Stadt bereits mit Mauern um= geben, und das darin befindliche Schloß der Grafen von Schaum= burg, welches Graf Konrad erbaut haben soll, war noch mit besonderen

Festungswerken versehen. Uebrigens ist heute nicht mehr zu er=
mitteln, wo dieses Schloß in der Stadt gestanden hat.

Die jetzige Brennerstraße, wohl richtiger Bremerstraße, und
die Engestraße, vor deren Ausmündungen zur Weser die alte Brücke
über den Fluß führte, waren wohl die ersten Straßen der Stadt;
durch den Bau des Klosters und des Schlosses, welches in dessen
Nähe gelegen haben muß, bildete sich dann die Klosterstraße, und
durch die erwähnten Ritterhöfe die Ritterstraße, während die Bäcker=
und Weserstraße wohl erst einem späteren Zuwachse der Bevölkerung
ihre Entstehung verdanken, was wahrscheinlich besonders im 14. und
15. Jahrhundert der Fall war, denn 1340 hatte die Stadt schon
eine solche Ausdehnung gewonnen, daß die Kirche des Klosters nicht
mehr ausreichte, weshalb man in der Mitte der Stadt die Kirche
St. Nikolai, die Stadtkirche gegründete, mit welcher man 1484 eine
Kapelle verband, in der täglich Messe gelesen wurde.

Die Grafen wie andere Herren erfreuten Stadt und Kloster
durch reiche Schenkungen und Previlegien. Im Jahre 1328 schenkte
Graf Adolf VII. von Holstein und Schaumburg der Stadt die
zwischen ihr und den Dörfern Stedern, Othbergen, Rottorp und
Uptorp gelegenen Huten, den Weseranger den Striedanger, den
Seeanger und das Stau;*) im Jahre 1372 schenkte ihr Graf Otto I.
von Schaumburg die Elbe, eine Feldlage zwischen Rinteln und
Stedern, und einen weiteren Teil des Weserangers; 1373 erlaubte
ihr derselbe Landesherr auf dem rechten Weserufer eine Ziegelei
anzulegen; 1375 verlieh er den Bürgern der Stadt die Fischerei=
gerechtsame in dem Schloßgraben; 1391 gestattete er ein Zollhaus
zu errichten und Zoll= und Wegegeld zu erheben; 1392 erteilte er
die Erlaubnis, jährlich zwei Messen zu halten.

Graf Johann I. von 1239—1266. Als Adolf V. 1239
die Regierung niederlegte und ins Kloster ging, studierte seine beiden
Söhne Johann und Gerhard in Paris. Johann kehrte alsbald
zurück, um die Regierung zunächst unter der Vormundschaft seines
Schwagers, des Herzogs Abel von Jütland, zu übernehmen; ging
dann abermals nach Paris und kehrte nach zwei Jahren mit seinem
Bruder Gerhard zurück. Beide Brüder besuchten 1244 das Schaum=
burgische. 1245 kehrte Johann für immer zurück und wurde in
Hamburg feierlich empfangen.

Seit 1246 regierten beide Brüder gemeinschaftlich, doch trat
schon 1248 zwischen beiden eine Teilung der Länder in der Weise
ein, daß Johann I. Wagrien mit Kiel und Gerhard I. Holstein
und Stormann bekam.

Johann's I. Tochter Helifa war die Gemahlin Otto's IV.

---

*) Siehe Anhang I.

(mit dem Pfeile) von Brandenburg, während Otto's Schwester an Johanns' I. Sohn Adolf VI. verheiratet war, der mit Otto IV. gegen Magdeburg stritt und 1308 kinderlos starb.

Graf Gerhard I. von 1246—1281. Ueber die Grafschaft Schaumburg herrschten beide gemeinschaftlich. Da das natürlich zu Unzuträglichkeiten führte und Graf Gerhard bei der früheren Teilung sich verkürzt glaubte, so entstanden Zwistigkeiten zwischen den beiden Brüdern, welche zuletzt das Schwert entscheiden sollte. Glücklicher Weise aber kam es zu einem Vergleich, nach welchem Gerhard zu seinen holsteinischen Besitzungen noch 1259 die Grafschaft Schaum= burg erhielt, in welcher bis 1238 ihr Oheim, der Graf Konrad regiert hatte. — Seit 1248, um welcher Zeit auch die Burg Sachsenhagen erbaut wurde, gab es also zwei Linien, die Wa= grische zu Kiel und die Holsteinsche zu Rendsburg. — Da die Wagrische Linie in geringer Verbindung mit Schaumburg stand und nicht lange dauerte, so mögen hier nur kurz die Namen der Fürsten dieses Zweiges folgen.

Johann I. starb 1266 und wurde im Dom zu Hamburg begraben. Ihm folgte sein Sohn Johann II., während dessen Bruder Adolf VI. schon 1308 starb. Johann II. wurde bei Lebzeiten wegen seiner zweiten Verheiratung von seinen Söhnen zur Teilung gezwungen, darnach bekam sein ältester Sohn Adolf VII. Segeberg, wo dieser 1315 unverheiratet erstochen wurde; Johann III. bekam Plön und Bomhorst, der trat das Städtchen Travemünde an Lübeck ab; Niklas I. erhielt Oldesloe. Diese beiden letzten Söhne starben noch vor dem Vater und sein Sohn Christoph stürzte als Kind in Kiel aus dem Fenster und starb. Als dann auch Johann II. 1291 starb und in Kiel begraben war, hinterließ er aus zweiter Ehe noch den 1288 geborenen Sohn Johann IV., welcher dem Vater Johann II. und dem Bruder Adolf VII. in der Regierung über Wagrien und Kiel folgte. Johann IV. starb 1350 und ihm folgte sein einziger Sohn Adolf VIII., der starb 1390 und hinterließ keine Erben, so daß nun diese Länder an Holstein zurück fielen. Laut des Kieler Vertrags von 1390 teilten sich in diese Länder die damaligen Regenten Herzog Gerhard VII. von Schleswig, zugleich Graf von Holstein=Stormarn und Graf Otto I. von Holstein=Stormarn=Schaumburg.

Ueber Holstein=Stormarn=Schaumburg regierte also seit 1246 resp. 1248 Graf Gerhard I. Bekanntlich führte that= sächlich für die beiden Brüder Johann und Gerhard ihr Vormund und Schwager Abel von Jütland von 1239 bis 1246 die Regierung. Graf Gerhard I., von 1246 (1248 und 1259) —1281, starb und wurde in dem von ihm gestifteten Kloster Itzehoe be=

graben. Seine beiden Söhne, Heinrich I. und Gerhard II. teilten sich in die Länder, so daß es auch hier zwei Linien gab, nämlich die Holstein-Stormarn'sche und die Holstein-Schaumburgische Linie. Zu der Zeit war also das Haus von Santersleben in drei Linien geteilt. Da wir die Wagrische Linie bereits bis zu ihrem Ende verfolgten, so mag dasselbe der besseren Uebersicht wegen auch bei der Holstein-Stormarn'schen Linie der Fall sein, zumal diese Linie schon 1459 ausstirbt.

Graf Heinrich I. von Holstein-Stormarn von 1281—1310.

Dieser ist der Stammvater mehrerer in der nordischen Geschichte berühmten Männer geworden. Sein Sohn Wilhelm I. starb schon um 1299, dagegen Johann V. erst 1359. Der dritte Sohn, Graf Gerhard IV., der Große, von 1310—1340 folgte dem Vater in der Regierung. Dieser war wegen seiner Gelehrsamkeit und Tapferkeit weithin berühmt. Er schlug seine beiden Vettern Adolf VII. von Schaumburg und Johann IV. von Wagrien mit den ihnen verbündeten Ditmarsen 1317 bei Barmstedt. Und als sein junger Vetter, der Herzog Woldemar von Schleswig 1312 König von Dänemark wurde, übertrug ihm dieser, dessen Mutter Gerhards Schwester war, die Statthalterschaft über Schleswig und belehnte ihn damit. Dennoch wurde er wiederholt in Krieg gegen die Dänen verwickelt, die er aber stets schlug, so daß Dänemark diese Zeit ohne König und er der eigentliche Herr im Lande war, bis er endlich 1340 von dem jütländischen Ritter Niels Ebbesen in Randershausen meuchlings erstochen wurde.

Nachdem seine Söhne Heinrich IV. (der Eiserne), Niklas II. und Johann VI. den Tod ihres Vaters an den Dänen gerächt hatten und Heinrich darauf dem Könige von Schweden im Kriege gegen Finnland rühmlichst Beistand geleistet hatte, übertrug er als der älteste Sohn Gerhards IV. seinem Bruder Niklas II. die Regierung, um mit dem Könige Eduard von England gegen Philipp von Frankreich zu kämpfen. In diesem Kriege zeichnete er sich besonders durch Tapferkeit, Kühnheit und Gewandtheit namentlich in der Schlacht bei Cressy (26. August 1346) aus, half Calais erobern, kehrte dann nach England zurück, wo er den neidischen Engländern gegenüber Proben seines unerschütterlichen Mutes ablegte, so daß er in England der Gegenstand mancher schönen Sage wurde, bis er mit Ruhm reich bedeckt nach Holstein und Schaumburg zurückkehrte. Infolge seines großen Ruhmes trugen ihm die Schweden 1362 ihre Krone an, doch lehnte er sie seines vorgerückten Alters wegen ab und verschaffte sie seinem Schwager, Herzog Albrecht von Mecklenburg, folgte dann einem Rufe des Papstes Urban VI., dieses Unmenschen, der die 6 Kardinäle, welche ihm bei der Papstwahl ihre Stimme nicht gegeben hatten, grausam foltern und darnach umbringen ließ, dessen Leben sich überhaupt durch Schandthaten auszeichnet. Dieser Papst übertrug dem Grafen Heinrich IV. den Oberbefehl über seine Truppen in Apulien; doch ehe er den übernehmen konnte, hatte er so viel welsche Bosheit und Tücke wie päpstliche Falschheit und Undankbarkeit erfahren, daß er mißvergnügt wieder nach seiner Heimat zog und hier 1378 anlangte. Sein abenteuerliches Leben beschloß er 1381 in Holstein und wurde in Itzehoe begraben. Er hinterließ 3 Söhne: Gerhard VII., Albrecht II. und Heinrich V. — Zu seiner Zeit weigerte sich Hamburg, dem Hause Schaumburg zu huldigen; Kaiser Karl IV. entschied für die Huldigung.

Graf Niklas II. von 1340—1400, ein Bruder Heinrichs des Eisernen und Sohn Gerhards des Großen setzte den Krieg gegen Dänemark um den Besitz von Schleswig fort. Obgleich Dänemark von inneren Parteikämpfen geschwächt war, so konnte er doch Schleswig nicht behaupten, er mußte sich mit dem Titel eines wahren Erben des Herzogtums Schleswig begnügen. Sein Bruder Johann IV. starb 1359.

Als dann nach König Woldemars Tod dessen berühmte Tochter Margarethe Königin von Dänemark wurde und diese sich mit König Hakon von Norwegen vermählt hatte, aus welcher Ehe nur ein Sohn, Olaf, entsproß, der aber schon 1378 wieder starb; als ferner 1396 das Geschlecht Abels (Schwiegersohn Adolfs V.) in Jütland und Schleswig ausgestorben war, da wurde Gerhard VII. (ein Sohn Heinrichs des Eisernen) von der Königin Margarethe feierlichst für sich und seine Erben mit dem Herzogtum Schleswig unter der Bedingung belehnt, dasselbe jederzeit von der Krone Dänemark in Empfang zu nehmen.

So wurde Schleswig-Holstein zuerst konstituiert und Gerhard VII. war der erste Herzog aus Schaumburgischem Stamm, denn Gerhard der Große war nur königlicher Statthalter gewesen, auch besaß er es nicht erblich; endlich hatte er es seinem Neffen, dem früheren Herzog und nachherigen König Woldemar wieder zurückgegeben, als dieser 1330 aus Dänemark vertrieben wurde. (Woldemar war Gerhards Schwester und König Abels Sohn). Bei dieser Zurückgabe behielt jedoch Gerhard für sich und seine Nachkommen die nächste Anwartschaft auf das Herzogtum Schleswig für den Fall vor, wenn Abels Geschlecht aussterben sollte. Und dieser Fall trat 1386 ein.

Während Niklas II. in Holstein regierte, starb 1390 die Wagrin'sche Linie aus, und diese Länder wurden, wie bereits erwähnt, an die Holstein-Stormarn'sche und an die Holstein-Schaumburgische Linie nach dem Erbvertrage von Kiel verteilt. Jene Linie bekam aber den größeren Teil.

Niklas II. starb 1400 und hinterließ nur eine Tochter, in seine Länder teilten sich daher die drei Söhne Heinrichs des Eisernen, Gerhard VII., Albrecht II. und Heinrich V. Gerhard VII. behielt Schleswig und erhielt einen Teil von Holstein; Heinrich widmete sich zunächst dem geistlichen Stande, in welchem er bis zum Bischof von Osnabrück avancierte. Albrecht II. starb schon 1403 kinderlos infolge eines Sturzes vom Pferde. Demnach herrschte Gerhard VII. über Schleswig und Holstein. Als dieser aber in der Schlacht an der Hamme am 4. August 1404 nebst 340 Rittern und Edlen von den siegreichen Ditmarsen erschlagen war, da wollte die inzwischen sehr mächtig gewordene Königin Margarethe von Dänemark das Herzogtum für die Krone Dänemark wieder einziehen. Diese Königin gebot nämlich zur Zeit über 3 Kronen. Ihrem Einfluß war es gelungen, daß die Schweden ihren König Albrecht verjagten und daß ihr Großneffe Erich von Pommern zum König über Schweden, Norwegen und Dänemark erwählt wurde. Darnach versammelte sie die drei Reichsräte zu Kalmar, und hier wurde 1397 die sogenannte Kalmarische Union abgeschlossen. Darin wurde unter Wahrung der inneren Selbständigkeit festgesetzt, daß fortan nur ein König diese drei scandinavischen Reiche beherrschen sollte. Doch nach dem Tode Margarethens 1412 machte sich Erich durch seine Mißregierung wie durch seine unglücklichen Kriege gegen Schleswig-Holstein unhaltbar, weshalb er schließlich 1439 entsetzt wurde.

Heinrich V., Bischof von Osnabrück, trat nämlich nach dem Tode seines Bruders, des Herzogs Gerhard VII., für dessen Söhne als Vormund auf. Diese Söhne waren Heinrich VI., Adolf X. und Gerhard IX. Beim Tode des Vaters war Heinrich erst 7, Adolf 3 Jahre und Gerhard eben geboren. Ersterer wurde nach dem Tode des Vaters am dänischen Hofe erzogen, jedoch bald heimberufen. Trotz der vielen und langen Kriege konnte Heinrich V. sein Recht gegen Dänemark doch nicht dauernd durchsetzen, denn Margarethe war zu listig und zu mächtig. Selbst die blutige Schlacht bei Eggebeke am 12. August 1410, in welcher die Holsteiner mit ihren Verbündeten unter Führung Adolfs IX. von Schaumburg die Dänen schlugen, führte nicht zum Ziele. Auf beiden Seiten wurde darum weiter geplündert und verwüstet.

Endlich bat der junge Heinrich VI. 1417, in welchem Jahre er großjährig wurde, den König Erich, ihn doch laut seiner Ansprüche mit dem Herzogtum Schleswig zu belehnen, doch Erich wies ihn zurück, weshalb der Krieg seinen Fortgang nahm. Der Onkel und Vormund, Heinrich V., starb 1421. Nun war auch der König von Dänemark des langen Krieges müde, er rief daher seinen Onkel, den Kaiser Sigismund, zum Schiedsrichter in dieser Sache

an. Der fällte 1424 in Ofen das Urteil zu Gunften Erichs. Ob=
gleich Heinrichs Anfprüche begründet waren und er diefelben beim
Kaifer perfönlich unterftützte, fo wies ihn doch derfelbe mit feinen
Anfprüchen auf Schleswig zurück, bewilligte ihm aber eine Geld=
entfchädigung und die Infel Laaland.

Hierüber befchwerte fich Heinrich VI. beim Papft Martin
V., der ihm das Herzogtum auch wieder zuerkannte und dem Erz=
bifchof von Köln auftrug, demgemäß die Sache zu regeln. Da aber
diefem Richterfpruche die nötige Macht fehlte, fo nahm der Krieg
zwifchen Dänen und Holfteinern feinen Fortgang, auch Heinrich VI.
fand darin feinen Tod, als er 1427 bei der Belagerung von Flens=
burg eine Leiter befteigen wollte und dabei von einem Dänen
erftochen wurde.

Sein Bruder Adolf X. von 1412—1459 war am Hofe
des Markgrafen zu Brandenburg erzogen und 1421, kurz vor dem
Tode feines Onkels und Vormundes, der ihn ganz befonders liebte,
in die Regierung der Holftein'fchen Länder eingefetzt. Nach dem
Tode feines Bruders führte er den Krieg gegen Dänemark mit
ebenfoviel Gefchick als Glück weiter, bis es endlich 1435 zum
Frieden kam; demzufolge Adolf das Herzogtum zuerkannt
wurde.

Als dann König Erich aus feinen drei Reichen, Dänemark,
Schweden und Norwegen vertrieben wurde und auch 1438 in feinem
Stammlande Pommern ftarb, wählte der Adel jener Reiche den
Neffen Erichs, den Herzog Chriftoph von Bayern zum König.
Diefer hielt 1439 feinen Einzug und verweilte 1440 in Jütland.
Dahin begab fich auch Adolf X. und bat um Belehnung des Her=
zogtums. König Chriftoph erfüllte diefen Wunfch.

Adolf X. war alfo durch die Macht wie auch durch
Verträge im rechtmäßigen Befitz feiner Länder (Schleswig=
Holftein), er herrfchte mit Einficht und Kraft; fein Anfehen ftieg
fo fehr, daß ihm die Dänen 1448, nach dem Tode des Königs
Chriftoph, die dänifche Königskrone anboten. Doch lehnte
er die Wahl ab, um fie auf den Sohn feiner Schwefter,
Chriftian von Oldenburg zu lenken, welcher nun auch gewählt
wurde und bereitwillig die Wahl annahm.

Adolf X. ftarb 1459 kinderlos. Da auch fein Bruder
Gerhard IX. fchon 1433 ohne leibliche Erben zu hinterlaffen ge=
ftorben war, fo ftarb mit diefem Adolf 1459 diefe Linie
aus, und den Verträgen gemäß mußte das Herzogtum Schles=
wig an Otto II. von Schaumburg, als den rechtmäßigen
Erben fallen. Doch Chriftian I. von Dänemark machte feine
Verwandtfchaft ebenfalls geltend, und da er die größere Macht für
fich hatte, fo nahm er von den Ländern Befitz. Otto II. proteftierte;

in Deutschland herrschte aber damals leider der schwache und un=
fähige Kaiser Friedrich III. Endlich kam 1460 zu Oldensloh
zwischen beiden Parteien ein Vergleich zu Stande, zuvor aber hatte
Christian sich von den Ständen des Herzogtums wählen lassen.
Laut des Vertrages von 1460 zu Oldensloh und zu Kiel blieb
Christian im Besitz der Länder Adolfs, wobei die Untrennbar=
keit Schleswig=Holsteins und zwar unter dem Mannes=
stamm des Oldenburgischen Hauses festgesetzt wurde; da=
gegen sollte Otto II. von Schaumburg eine Geldentschädigung von
43,000 rheinischen Gulden erhalten und im Besitz seiner derzeitigen
Länder Holsteins (Pinneberg 2c.) bleiben.

Schon 1448 hatte Christian die vom König Woldemar V.
ausgestellte Urkunde vom Jahre 1326 bestätigt, wonach Schles=
wig niemals wieder mit Dänemark vereinigt werden
sollte. Da auch Kaiser Albrecht II. im Jahre 1439 die Gerecht=
same Adolfs auf Schleswig bestätigte, so war damit die interna=
tionale Existenz Schleswigs allseitig anerkannt.

Als nun nach Adolfs Tode Christian dessen Länder über=
nahm, versprach 1460 dieser König — Herzog: „Daß die Lande
ewig zusammen bleiben sollten ungeteilt." Somit war die
Personal=Union im strengsten Sinne zwischen Dänemark
und Schleswig begründet, welche auch in den folgenden Jahr=
hunderten respektiert wurde.

Auf diese Weise fiel Schleswig=Holstein als un=
teilbares Land an Christian von Oldenburg, der seit 1448
König von Dänemark, seit 1450 König von Norwegen und
seit 1460 auch König=Herzog zu Schleswig=Holstein war.
Derselbe ist der Stammvater des Oldenburgischen, des
Dänischen und auch des jetzigen Russischen Hauses ge=
worden; denn nachdem die dänischen Prinzen anfingen, den Staat
zu teilen, gab es seit 1544 zwei Linien, die königlich Dänische,
(von welcher das Haus Sonderburg wieder eine Nebenlinie bildete)
und die herzoglich Gottorp'sche, (nach dem Schlosse Gottorp in
Schleswig so benannt;) ein Gottorp heiratete dann eine Tochter
Peters des Großen und wurde Vater Peters III., also Großvater
des Kaisers Paul, dessen Söhne Alexander I. und Nikolaus I.
waren.

Als dann später trotz der bestehenden und wiederholt erneuten
Verträge die dänischen Könige dies Verhältnis zwischen beiden Län=
dern zu lösen, die Personal=Union aufzuheben und Schleswig=
Holstein dem dänischen Staate völlig einzuverleiben gedachten,
welches Christian VIII. in seinem „offenen Briefe" vom 8. Juli
1846 rückhaltslos aussprach; als er damit also die alten Ver=
träge und das bestehende Erbrecht einseitig änderte, da

verwahrte sich Schleswig-Holstein dagegen, und es entstand deshalb der Krieg von 1848, 49 und 50. Preußen trat für das Recht Schleswig-Holsteins ein, mußte aber nach dem Tage von Olmütz auf Rußlands Befehl zurückweichen und mit Oesterreich die Her- zogtümer den Dänen wieder ausliefern.

In diesen Wirren starb Christian VIII. im Jahre 1848 und sein Sohn und Nachfolger Friedrich VII. setzte die Politik des Vaters fort. Da aber mit diesem Friedrich die Linie ausstarb, so sollte vor dessen Tode die völlige Einverleibung der Herzogtümer in Dänemark durchgesetzt werden. Doch das Ziel wurde trotz aller List und Gewaltmaßregeln nicht erreicht. Im November des Jahres 1863 starb Friedrich VII. und mit ihm erlosch jene seit 1448 begonnene Linie des Hauses Oldenburg.

Weil nun in der königlich dänischen Familie kein männ- licher Erbe war und in Dänemark nicht die unbedingte agnatische Succession galt, (männliche Nachfolger), so mußte nach däni- schem Recht die Krone Dänemark erst an die nächste weib- liche Hand, an des Königs Tante übergehen, und weil diese mit einem Landgrafen aus dem Hause Hessen-Cassel verheiratet war, dann an ihren 1820 geborenen Sohn, den Landgrafen Friedrich. Dieser war also der nächste Erbe der Krone Dänemarks.

In Schleswig fand dagegen thatsächlich von jeher nur die rein agnatische Succession statt, und in Holstein galt dieselbe schon aus dem einfachen Grunde, weil dieses ein deutsches Manneslehen war. Diese Länder konnte also Landgraf Friedrich nicht erben, denn sie mußten zuvor an seine Tante und erst dann konnten sie an ihn fallen. Ersteres war aber nach den bestehenden Verträgen nicht möglich. — Da nun die Schaum- burgischen Grafen ebenfalls schon seit 1640 ausgestorben waren, da ferner außer Dänemark auch Oldenburg und Rußland Ansprüche erhoben, so wurde die Erbfolge in den Herzogtümern eine Streitfrage.

Infolge dessen mischten sich die Großmächte dazwischen. Nach dem Londoner Protokoll von 1852 hatte der Landgraf Friedrich von Hessen zu Gunsten des Prinzen Christian von Glücksburg auf seine Anrechte verzichtet. Der Herzog von Augustenburg verzichtete ebenfalls in demselben Jahre zu dessen Gunsten gegen eine Ent- schädigung von 2¼ Millionen Thaler. — Unter solchen Verhält- nissen bestieg Christian von Glücksburg 1863 als König Christian IX. den dänischen Thron. Weil dieser aber gleich nach seiner Thronbesteigung die dänische Verfassung unterzeichnete, worin die Einverleibung Schleswig-Holsteins in Dänemark bestimmt ausgesprochen war, deshalb begann der Krieg von 1864.

Indes wurde erst endgültig über das Schicksal der Herzog= tümer entschieden im Jahre 1866, denn seit dieser Zeit wurden sie dem preußischen Staate einverleibt. Preußen vertrat nämlich im Norden wie im Süden durch seinen ritterlichen König mit eben so viel Mut als Erfolg die deutschen Ansprüche und Interessen. —

Hiermit haben wir nicht nur die Geschichte der schaumbur= gischen Grafen, welche in Schleswig=Holstein regierten, vollendet, sondern wir sind auch kurz dem Schicksal dieser meerumschlungenen Herzogtümer gefolgt, welches seit dem Tode jener Grafen bis auf den heutigen Tag über diese entschied. Wir glaubten das dem Ver= ständnis unserer Geschichte um so mehr schuldig zu sein, weil die Geschichte dieser stammverwandten Herzogtümer mit der unsrigen schon durch ein und dasselbe Regentenhaus in vielfacher Verbindung steht; weil ferner die Schaumburger an jenen nordischen Kriegen einen regen und thätigen Anteil genommen haben. Kehren wir aber nun zu der speziellen Geschichte unserer Grafschaft zurück. —

Mit Graf Gerhard II. von 1281—1312 beginnt die Holstein=Schaumburgische Linie, welche am längsten dauerte und erst 1640 ausstarb. Gerhard II. erblindete im hohen Alter seines Lebens, vielleicht war das der Grund, weshalb er schon 1295 von Schaumburg weg nach Holstein zog; vielleicht aber hatte auch sein Vetter Johann II. von Wagrien seine Gegenwart nötig, weil er dem gegen dessen Feinde Hülfe leistete. Seinem ältesten Sohne Adolf VI. übertrug er in Schaumburg die Regierung, während sein zweiter Sohn Gerhard III. mit ihm zog. Dieser starb 1320 zu Lübeck und hinterließ einen Sohn, Gerhard V., dessen Sohn Johann VIII. war. Gerhard II. hatte außer jenen beiden noch drei Söhne, Woldemar I., Heinrich II. und Otto. Heinrichs II. Sohn war Heinrich III. — Graf Gerhard II. starb 1312 zu Lübeck und wurde in Hamburg begraben.

Graf Adolf VI. von 1295 (1312)—1315 erbaute 1298 das Kloster zu Egestorf und um 1300 die Martinskirche zu Stadt= hagen. Mit seiner Gemahlin Helene, Tochter des Herzogs Johann von Sachsen bekam er das Schloß Sachsenhagen unterpfändlich statt der 1500 Mark Silber, welches seitdem im Besitz Schaumburgs blieb. Von dem Herzogtum Holstein besaß er das Erbteil seines Vaters, die Herrschaft Pinneberg und einige Allodialgüter in und um Hamburg. Besitzungen, welche bei dieser Familie bis zu ihrem Erlöschen geblieben sind. Er starb 1315 und wurde im Kloster Loccum begraben. — Ihm folgte sein ältester Sohn Graf Adolf

VII. von 1315—1353. Dieser leistete seinem Vetter Johann IV. von Wagrien Hülfe gegen Gerhard d. Gr. und lieferte diesem 1317 ein hartes Treffen, ward aber gefangen und mußte sich durch ein teures Lösegeld wieder loskaufen. Unter Christoph von Dänemark war er mit seinem Vater vergebens vor Stralsund. Er war ein schöner Mann wie auch ein frommer und weiser Regent, aber kein glücklicher Feldherr. Dem Kloster zu Loccum schenkte er 1319 eine Hufe Land im Amte Petershagen und 1320 überließ er diesem Kloster auch den Lehnzehnten zu Algestorf; ferner vollendete er 1318 den Bau der St. Martinikirche zu Stadthagen und schenkte der Stadt das Patronatrecht. Diese Schenkung wurde vom Bischof zu Minden wie auch vom Papst bestätigt; sodann vermachte er dem Stifte Obernkirchen den Zehnten zu Südhorsten im Amte Bückeburg und den Haselerhof in Vehlen; 1332 verkaufte er an Stadthagen die obere und niedere Rusch, ein Feld, für 30 Mark Bremer Silber und schenkte 1344 Stadthagen das sogenannte Privilegium Magnum; endlich brachte er das Schloß Vokeloh von einem Herrn von Münchhausen käuflich wieder an Schaumburg. Dieser Adolf baute auch das Schloß zu Rodenberg. Sein Bruder Erich war Dompropst und dann Bischof zu Hildesheim, starb 1348 und wurde in Stadthagen begraben; der andere Bruder Gerhard VI. war Dompropst zu Hamburg, darauf Bischof zu Minden, starb 1353 und wurde im Dom zu Minden begraben. — Während dieser verhängnisvollen Zeit (1349) wütete in Deutschland die Pest, (der schwarze Tod), welche aus dem Orient eingeschleppt war und bereits Italien, die Schweiz und Böhmen fast ganz entvölkert hatte, dann auch in Deutschland entsetzlich auftrat, so daß auch der dritte Teil der Bevölkerung unserer Grafschaft dahin gerafft wurde. — Adolf VII. starb 1353 und wurde zu Fischbeck begraben. — Ihm folgte in der Regierung sein ältester Sohn Graf Adolf VII. von 1353—1370. Derselbe bestätigte gleich beim Eintritt seiner Regierung die Privilegien von Stadthagen und Rinteln, 1356 auch die von Hamburg. Sein ältester Bruder Gerhard VIII. war Bischof zu Minden, welchem er Hülfe leistete in einer Schlacht gegen den Grafen Johann von Hoya. Dieser Bischof Gerhard war es, der 1361 im Dorf Hekelenen das Schloß Petershagen baute, welcher ferner 1366 bei einer Pilgerfahrt nach Jerusalem auf dem Meere starb. — Adolfs zweiter Bruder Simon I. starb 1361 bei einem Turnier zu Petershagen und wurde in Obernkirchen begraben. — Sein dritter Bruder Bernhard I. war Dompropst zu Hamburg. Nur der vierte Bruder, Otto I., überlebte ihn, und dieser folgte ihm in der Regierung, nachdem er selber ebenfalls bei einer Pilgerreise nach Jerusalem in Famagusta auf der Insel Cypern 1370 gestorben, sein Leichnam einbalsamiert und in Minden begraben war. — Merkwürdig war das Jahr 1366, denn es regnete zwischen Pfingsten und Michaelis nicht; dieser Sommer war überhaupt so heiß und trocken, daß man selbst an schiffbaren Flüssen nicht mahlen konnte.

Graf Otto I. von 1370—1404 hat den Anbau der Stadt Bückeburg begonnen und befestigte die Schaumburg mit zwei Thürmen. Er vergrößerte die schaumburgischen Besitzungen bedeutend, indem er das Amt Lauenau als Unterpfand für das Heimatsgut seiner zweiten Gemahlin erwarb und 1377 die Grafschaft Sternberg mit allen Rechten kaufte für 3000 Mark Pfennige, „wie sie zu Lemgo gang und gebe sind." Nach dem Tode des Verkäufers, des Grafen Johann von Sternberg, wurde er von dem Lehnsherrn, dem Bischof zu Paderborn, damit belehnt. Diese Grafschaft, wozu Alverdissen, Barntorf, Schloß Sternberg, Salzufeln, Bösingfeld und andere Ortschaften gehörten, wurde aber schon 1388 teilweise von Otto selber und dann größtenteils von seinem Sohne Adolf IX. an den Grafen von Lippe verpfändet.

Durch seine Heirat mit Mathilde, Witwe des verstorbenen Herzogs Ludwig von Braunschweig geriet er mit dessen Bruder Magnus, der ihm die Auslieferung des Brautschmucks hartnäckig verweigerte, in einen heftigen Kampf. Zwischen Deister und Leine kam es bei Beweste zum blutigen Kampf im Jahre 1373. Der Herzog Magnus warf seinen Gegner, den Grafen Otto, vom Streitroß, sprang ab, fiel über ihn her und wollte ihn mit dem Schwerte töten. Während die beiden so rangen und Otto durchaus in keine Gefangenschaft willigen wollte, kam einer von Otto's Vasallen und tötete den Herzog auf dem Grafen. Da ersterer geschworen hatte, in der folgenden Nacht in Feindes Land zu schlafen, so wollte Otto diesen Schwur auch wahr machen, er ließ daher die Leiche des Herzogs nach Rodenberg bringen, und nachdem sie hier eine Nacht geruht hatte, sandte er sie zur Bestattung nach Braunschweig.

Jetzt war überhaupt die Zeit der Fehden, die Zeit der Bündnisse der Vasallen gegen die mächtigeren Fürsten wie gegen die aufblühenden Städte. Auch Otto wurde Mitglied des westfälischen Bundes und stand auf der Seite der Söhne des sächsischen Kurfürsten Wenzel, als diese wegen Erbansprüche gegen die Söhne des von ihm besiegten Braunschweig'schen Herzogs Magnus stritten. Er wurde in der Schlacht bei Winsen an der Aller den 28. Mai 1388 gefangen genommen und mußte seine Freiheit durch ein großes Lösegeld bezahlen, weshalb er sich genötigt sah, die gekaufte Grafschaft Sternberg teilweise (das Amt Barntorf und Salzufeln) an Lippe zu verpfänden.

Zu Otto's Zeit erlosch 1390 die Wagrinsche Linie,

weshalb die sämtlichen Agnaten des Holstein-Schaumburgischen Hauses in Kiel zusammen kamen, um sich wegen der Erbschaft zu vergleichen. Da man eine Vereinigung der Holstein'schen und Schleswig'schen Länder um so mehr wünschen mußte, je drohender die wachsende Macht sowohl der Hansastädte als auch Dänemarks wurde, so war Otto zufrieden, gegen eine Entschädigungssumme von 8000 Mark Pfennige (etwa 80,000 Thlr.) der Erbschaft zu entsagen, doch sollten ihm und seinen Nachkommen die bisherigen Besitzungen in Holstein verbleiben, und dazu gehörte die Herrschaft Pinneberg, die nachherige Grafschaft Ranzau; das damalige Dorf Altona und der Hamburger Hof. Diese Besitzungen führten seitdem den Titel Grafschaft Holstein und blieben bei Schaumburg bis 1640. Die Heinrich'sche Linie (Niklas II.) war demnach Haupterbe von Wagrien. Zugleich wurde noch eine gegenseitige Beerbung der beiden Linien (eine Erbverbrüderung) festgesetzt, welche aber später (1459) nicht in Erfüllung ging. Otto starb 1404 und wurde in Obernkirchen begraben.

Im Jahr 1400 wurde das Jungfrauenkloster Möllenbeck in ein Mönchskloster verwandelt.

Auf Otto I. folgte dessen Sohn Graf Adolf IX. von 1404—1427, während der andere Bruder Wilhelm II. schon vor dem Vater, 1391, gestorben war.

In einem Kriege wieder die Herzöge von Braunschweig und Lüneburg fielen diese mit ihren Verbündeten verwüstend in unsere Grafschaft Schaumburg ein; doch die Bürger zu Minden leisteten dem Grafen tapferen Beistand; 1410 wurde Rinteln belagert und ein Graf Spiegelberg davor mit einem Pfeil erschossen. Adolf erweiterte Sachsenhagen und starb. 1421. Ihm folgte sein einziger Sohn Graf Otto II. von 1427—1464. Während seiner Regierung starb 1459 das verbrüderte Haus Schleswig-Holstein aus und obgleich nach dem Kieler Vertrage von 1390 nicht nur ganz Holstein sondern auch sogar Schleswig (letzteres freilich als dänisches Lehen) an Otto II. von Schaumburg fallen mußte, so nahm dennoch der König von Dänemark, als der Stärkere, durch List und Gewalt von Schleswig wie auch von Holstein Besitz. Dieser König Christian I. von Dänemark stammte allerdings mütterlicherseits auch aus dem Hause Schaumburg, aber das berechtigte noch nicht einmal zu seinen Ansprüchen auf Schleswig und noch viel weniger auf Holstein, denn in beiden Ländern galt nur die männliche Nachfolge und König Christian konnte seine Erbansprüche erst durch seine Mutter begründen; außerdem war Holstein von jeher ein deutsches Land gewesen. Da ferner dieser König Christian 1448 die Urkunde bestätigt hatte, daß Schleswig niemals wieder mit Dänemark vereinigt werden sollte und noch 1460 versprach), daß diese Lande ewig zusammen bleiben sollten unge= teilt, so konnte beide Länder nur allein Otto II. von Schaumburg erben. Indes auch hier siegte die Machte über das Recht. Auf einem allgemeinen Landtage der Schleswig=Holstein'schen Stände zu Riepen 1460 wurde auf Veranlassung des Bischofs zu Schles= wig der König Christian I. von Dänemark zum Herzog von Schleswig und Graf von Holstein mit Umgehung der schaumburgischen Linie ausgerufen. Otto protestierte freilich, mußte aber doch der Gewalt weichen und sah sich genötigt, in dem Vertrage von Oldensloh 1460 seinen Ansprüchen auf Schleswig=Holstein gegen die geringe Summe von 43,000 Gulden zu entsagen, jedoch behielt er seine ererbten Besitzungen in Holstein, für welche ihm auch ein Schutz= brief ausgestellt wurde, und den Titel eines Grafen von Holstein, welchen Titel auch seine Nachfolger fortführten. Holstein wurde dann 1474 vom Kaiser Friedrich III. zum Herzogtum erhoben.

Otto nahm auch an der großen westfälischen oder Soester Fehde thätigen Anteil. Der Erzbischof Dietrich von Köln hatte nämlich seit 1435 in mehreren Teilen von Westfalen durch harte Bedrückungen den Unwillen gegen sich rege gemacht, so daß die zur Hansa gehörende Stadt Soest zu den Waffen griff. Daraus ent= stand ein verheerender Krieg, in welchem die Grafen von Lippe und Schaumburg die Sache der Städte verteidigten. Weil nun der Erzbischof von einem großen Teil seiner Vasallen verlassen war, so rief er die gefürchteten Böhmen zu Hülfe, welche damals für Geld zum Kriege, d. h. zu Raub und Mord feil waren. Dieselben verwüsteten das lippische Land auf eine entsetzliche Weise, der junge Graf Bernhard von der Lippe rettete sich mit großer Lebensgefahr auf die Schaumburg, wo er Otto's Tochter, Anna, kennen lernte und durch eine Heirat mit derselben das Band der Freundschaft, welches diese Häuser immer vereinigte, noch fester knüpfte.

Noch manche kleinere Fehden, welche mitunter ins Gebiet der Raubritter gehörten, hat Otto bestanden, ehe der Tod 1464 seiner 36jährigen Regierung ein Ziel setzte. Er wurde in Fischbeck begraben. Von seinen Söhnen folgte zunächst Graf Adolf X. von 1464—1474, der mit dem Bischof Albrecht zu Minden in Streit geriet und deshalb 1468 die Umgegend von Minden ver= wüstete. Sonst führte er ein fast ruhiges Leben, starb 1484 ohne Erben und wurde in Obernkirchen begraben. Sein folgender Bru= der: Graf Erich II. von 1474—1485 baute das Süster=Haus in Oldendorf und stiftete das Franziskaner Kloster in Stadthagen. Er regierte schon mit seinem Bruder Adolf und führte auch mit demselben den Krieg gegen den Bischof von Minden. In dem Kriege gegen Braunschweig zerstörte er Sarstedt, starb

1482 ebenfalls ohne Erben und wurde in Stadthagen begraben.
— Sein nächster Bruder Ernst I. wurde durch einen merkwürdigen
Tausch Bischof von Hildesheim, indem Bischof Bernhard von Braunschweig-Lüneburg, ein junger Mann, resignierte, um Mathilde, die
Schwester von Ernst, heiraten zu können, wofür er seinem Schwager
das Bistum verschaffte. Ernst war mehr der Jagd als der Kirche
ergeben, war aber Bischof von 1459 bis zu seinem Tode 1471.
— Der vierte Bruder, Bernhard II., war Dompropst zu Hamburg. — Der sechste Bruder Heinrich VIII. war Bischof zu
Minden von 1478 bis 1504, der ließ das Kloster Obernkirchen in
ein Augustiner Kloster umwandeln. — Dagegen folgte in der Regierung in der Grafschaft der fünfte Bruder, Graf Otto III. von
1485—(1498) 1510. Zu dessen Zeit brannte 1503 Obernkirchen
in einer Nacht ab, doch wurde es bald wieder neu aufgebaut.

Ferner war 1496 in und um Minden ein Erdbeben und
ein schreckliches Unwetter, so daß etliche Häuser und Bäume um-
fielen.

Endlich wütete von 1500 bis 1512 in der Grafschaft eine
schreckliche Viehseuche.

Vor dem Antritt der Regierung beteiligte sich Otto bei vielen
Fehden, aber schon nach 13 Jahren trat er laut eines Vertrages
von 1498 die Regierung an seine beiden jüngsten Brüder derart
ab, daß er für sich Holstein behielt, Anton die Aemter Schaum-
burg und Rodenberg und Johann die Aemter Stadthagen und
Bückeburg bekam. Otto zog dann 1498 nach Holstein, wohnte in
Pinneberg, starb daselbst 1510 und wurde in Obernkirchen begraben.
Die Pröpste zu Obernkirchen hatten damals bei den schaumburgischen
Grafen die geistlichen Funktionen auszuführen.

Graf Anton I. von 1510 (1498)—1526 und Graf
Johann IX. von 1510 (1498)—1527. Beide regierten in völliger
Eintracht und unterstützten sich gegenseitig. Vereint beteiligten sie
sich an der Hildesheimer Fehde, welche zum wahren Vernichtungskrieg gegen das nahe Bistum Minden wurde. Auf dem bischöflichen Stule daselbst saß damals Franz, aus dem Hause der Herzöge
von Braunschweig—Kalenberg—Wolfenbüttel, ein leidenschaftlicher
Mann, der unter dem Gewand des Friedens ein kriegerisches Herz
trug, weshalb er seinen Nachbarn oft lästig wurde. Dazu kam noch
ein nicht verjährter Groll gegen das Haus Schaumburg, seitdem
der Ueberfall des Bischofs Albrecht von Minden 1468 durch die
Grafen von Schaumburg in Verbindung mit den Bischöfen von
Hildesheim und Paderborn und dem Grafen von Lippe siegreich
abgeschlagen und zehn Jahre später die Stadt Minden vierzehn
Tage belagert und die Umgegend durch dieselben Grafen, Adolf
und Erich, mit denselben Verbündeten verwüstet wurde. Zwar

finden wir unsere Grafen 1485 mit dem Bischof von Minden, der damals allerdings ein Schaumburger war, vereinigt auf einem Kriegszuge gegen Heinrich von Braunschweig und Berthold, den Bischof von Hildesheim, als diese die Stadt Hildesheim, welche ihre Freiheiten geltend machen wollte und die Hansestädte zu Hülfe rief, hart bedrängten. Doch hier vereinigte sie hauptsächlich nur gemeinschaftliche Kriegs= und Beutelust. Nachdem aber die Herzöge von Kalenberg und Wolfenbüttel, Erich und Heinrich der Jüngere, in mannigfachen Streit mit dem Bischof Johann von Hildesheim und Heinrich dem Aelteren von Lüneburg verwickelt wurden und jene den Bischof Franz von Minden, einen Bruder Heinrichs des Jüngeren, zu Hülfe riefen, da verbanden sich die Grafen von Schaumburg, Anton und Johann, mit Johann von Hildesheim und Heinrich von Lüneburg gegen Franz von Minden und dessen Verwandte, Erich und Heinrich den Jüngeren. Den ersten Angriff richteten sie in Verbindung mit den Grafen von Lippe, Hoya und Diepholz auf das Gebiet von Minden; 1519 belagerten sie die Burg Petershagen, welche sich ihnen am zweiten Ostertage ergab. Der Bischof steckte die Burg an, infolge dessen Burg, Kirche und Häuser abbrannten. Ebenso wurde Hausberge, Wunstorf und das Stift verwüstet und verbrannt, bis sie fast das ganze Bistum Minden eingenommen und den Bischof verjagt hatten. Dann zerstörten sie das Schloß Lauenau, verwüsteten das Kalenberger Land, verbrannten Springe und schlugen am 28. Juli 1519 bei Soltau auf der Lüneburger Haide die Herzöge Erich, Heinrich und Wilhelm von Braunschweig, welche ihrem Bruder Franz von Minden Beistand geleistet hatten. In dieser Schlacht fochten unsere beiden Grafen besonders tapfer, sie erschlugen mit ihren Verbündeten 4000 Braunschweiger, nahmen 350 gefangen, worunter auch die Herzöge Erich und Wilhelm waren, erbeuteten 24 Geschütze, 1000 Wagen, 800 Pferde, viel Harnische, Rüstungen, Geld und goldene Ketten im Werte von 160,000 Thalern. — Das war derselbe Tag, an welchem Karl V. zum Kaiser gewählt wurde.

Der Krieg dauerte fort, jedoch scheinen unsere Grafen weniger Anteil daran genommen zu haben, seit der junge Landgraf Philipp von Hessen sich ernstlich des Herzogs Erich und dessen Neffen annahm.

Auf dem in so vieler Beziehung merkwürdigen Reichstage zu Worms 1521 traf den Herzog von Lüneburg, der nach Frankreich flüchtete, den Bischof zu Hildesheim und die Grafen Anton und Johann von Schaumburg die Reichsacht. Doch diese beiden letzteren, von denen Anton Anfangs selber in Worms war, hatten seit 1518 in Philipp von Hessen einen mutigen Beschützer und Verteidiger, der jetzt als Lehnsherr über einen Teil der Grafschaft ihre Lossprechung beim Kaiser und dem Reiche auch bewirkte. Durch die fortwährenden Fehden, durch die veränderte Kriegskunst und die immer mehr ins Leben tretende Staatspolitik hatte sich nämlich für die kleineren Vasallen je länger desto mehr das Bedürfnis herausgestellt, sich im Interesse der Selbsterhaltung einem mächtigen Fürsten anzuschließen. Die Blicke unserer Grafen konnten aber nach dieser Richtung hin nur auf Hessen gerichtet sein, denn während das allerdings näher liegende Braunschweig—Lüneburg'sche Haus wie auch andere Länder sich durch häufige Teilungen geschwächt hatten, stand das Haus Hessen damals noch ungeteilt da, so daß es im deutschen Fürstenrate einen bedeutenden Rang einnahm. Da bereits Lippe und Waldeck schon länger mit Hessen in Lehnsverbindung standen, so schloß 1518 auch Schaumburg einen ähnlichen Vertrag zum Schutz und Trutz mit Hessen. Doch wollten sich die Grafen nicht ganz dem hessischen Interesse hingeben, deshalb wurde laut Vertrag von 1518 etwa die Hälfte der Grafschaft, nämlich die Aemter Rodenberg, Hagenburg und Arensburg, dem Hause Hessen als Lehen aufgetragen, indes sollte dieses Lehen stets bei Niederhessen bleiben und jedem rechtmäßigen Erben oder Besitzer von Schaumburg erteilt werden. Beide Teile verpflichteten sich zu gegenseitiger Beschützung und Verteidigung, daher denn auch dem Landgrafen das Oeffnungsrecht in den benannten Schlössern und die Befugnis, in den zu Lehen aufgetragenen Aemtern die Erbhuldigung einzunehmen, vorbehalten wurde. Dieser Vertrag ist für die Grafschaft bedeutungsvoll. Unter denselben Bedingungen stand Lippe in Lehnsverbindungen mit Hessen. Ferner schlossen die beiden verwandten und stets befreundeten Häuser Schaumburg und Lippe 1519 noch eine besondere Vereinigung zur gegenseitigen Hülfe, unbeschadet der Lhnspflichten gegen den Landgrafen.

Graf Anton war zweimal verheiratet, blieb aber dennoch kinderlos; dagegen erwarb Johann mit seiner Gemahlin Cordula die Herrschaft Gehmen im ehemaligen Stifte Münster, womit die Pfandherrschaft Recklinghausen verbunden war, und hinterließ einen Sohn, Just oder Justus I. Johann nahm an allem Kriegsglück seines Bruders Teil, entschied besonders die Schlacht bei Soltau und wurde wegen seiner Bravour, die er in fünf Schlachten bewiesen hatte, zum Ritter geschlagen. Er vermachte den Hausarmen eine ansehnliche Summe, von deren Zinsen arme Mädchen ausgesteuert werden sollten.

Wie im Leben, so blieben auch die beiden Brüder im Tode vereint, denn Anton starb 1526 und Johann 1527. Beide wurden in Obernkirchen begraben.

Die Herrschaft Gehmen blieb bis 1635 bei Schaumburg, die Pfandherrschaft Recklinghausen dagegen nur bis 1573.

6

Merkwürdig ist noch das Jahr 1512, denn es regnete in diesem Jahre von Walpurgis bis Ostern nicht, so daß eine große Dürre und ein bedenklicher Wassermangel entstand, in der Grafschaft hatte nur noch die Mühle zu Exten Wasser zum Mahlen. — Der darauf folgende Winter aber kam schnell, war so hart und anhaltend, daß bei eintretendem Thauwetter die ungeheuren Eismassen alle Brücken fortrissen und große Wassernot entstand.

Im Jahre 1517 ward am Pfingstdienstage die Kirche auf dem Berge über Rinteln (unter der Luhdener Klippe, auf dem sog. Sattel, wo der Fußweg von Rinteln nach Eilsen über den Bergrücken steigt) und am folgenden Tage die Kapelle vor dem Hause Schaumburg geweiht.

Ferner kam 1516 der kriegerische Bischof Franz von Minden mit seinen Reitern, um die Junker von Exten anzugreifen, und als er sie nicht fand, griff er 20 mit Erdarbeiten auf dem Felde beschäftigte Bürger von Rinteln und führte sie gefangen hinweg.

Im Jahre 1520 begann man mit den Steinkohlen-Bergwerken, nachdem man im Bückeberge die sichere Entdeckung reichhaltiger Minen gemacht hatte. Die früheren Versuche, welche schon 1510 bei Nienstedt stattgefunden hatten, wurden wieder aufgegeben. — Zugleich kam 1520 der Handel mit den vortrefflichen Sandsteinen der Grafschaft in den Gang. Diese Steine wurden bald im weiten Auslande, besonders aber in den steinarmen Niederungen Norddeutschland und Hollands sehr begehrt. Da nun damals keine Chausseen vorhanden und die Landstraßen schlecht waren, so wurde für den Transport dieses schweren Produkts der Wasserweg und als nächster Ladeplatz die Stadt Rinteln gewählt. Daß dadurch besonders diese Stadt an Wohlstand und Bedeutung stieg, ist natürlich und selbstverständlich.

Am merkwürdigsten aber ist doch der 31. October des Jahres 1517, an welchem Tage Luthers Hammerschläge an die Schloßkirche in Wittenberg für die gesamte Christenheit zu Glockenschlägen wurden, die das nahe Auferstehungsfest der Geister verkündeten, welche bislang in römischen Fesseln lagen. Der deutsche Geist zersprengte diese Fesseln zu Gunsten der ganzen Welt, und der deutsche Geist stieg aus dieser wieder gewonnenen Freiheit am höchsten empor. Mit dem welthistorischen Ereignis am 31. October 1817 beginnt die Reformation, und diese giebt uns alle Veranlassung, auch in der Geschichte unserer Grafschaft einen neuen Abschnitt zu beginnen.

Derzeitige Kulturzuſtände.

Mit Luther ſchließt die Geſchichte des Mittelalters und
zugleich beginnt mit ihm die „Neue Geſchichte". Das iſt durch=
aus begründet, denn durch Luther bekommt die ganze Geſchichte eine
andere Richtung. Ja, er und ſein Werk ſind unzweifelhaft die
größten Erſcheinungen in der ganzen Geſchichte von Chriſtus bis
jetzt. — Um das zu beweiſen und dafür ein richtiges Verſtändnis
zu erzielen, müſſen wir im Intereſſe unſerer Spezial=Geſchichte zu=
nächſt einen kurzen Rückblick in die allgemeine Geſchichte und einen
Seitenblick auf die damaligen Zuſtände und Verhältniſſe werfen. —

Seit 1500 Jahren hatte das von jeher unerſättliche Rom
die alleinige Herrſchaft über die ganze Chriſtenheit an ſich
geriſſen, ja es beanſpruchte im Papſte als „Statthalter und Stell=
vertreter Gottes auf Erden" ſogar den Beſitz der ganzen Erde, denn
als neue Länder in fernen Weltteilen entdeckt wurden, verteilte ſie
der Papſt nach ſeinem Ermeſſen.

Verſchiedentlich war man gegen ſolche römiſche Anmaßung
und päpſtliche Uebergriffe, beſonders auf geiſtigem Gebiete, ſchon
aufgetreten. Der ganze chriſtliche Orient kämpfte dieſerhalb
Jahrhunderte lang gegen den römiſchen Biſchof, trennte ſich dann
endgültig von ihm 1054 und bildet ſeitdem die Griechiſch=Ka=
tholiſche Kirche. — Der kühne und fromme Arnold von
Brescia wurde ein Opfer ſeines Eifers für die Wahrheit, denn
als die Römer infolge ſeiner Predigten den Papſt vertrieben, wandte
letzterer ſich Hülfe ſuchend an den Kaiſer Friedrich Barbaroſſa.
Dieſer kam auch, nahm Arnold gefangen, ſetzte den vertriebenen
Papſt Hadrian IV. wieder ein und überlieferte dieſem ſeinen Ge=
fangenen. Sogleich ließ der Papſt den Kaiſer ſeine Oberherrlich=
keit fühlen, denn jener that ſehr zornig, als dieſer ihm beim Ab=
ſteigen von ſeinem Maultiere den Steigbügel nicht hielt; und obwohl
letzterer jenem den Fuß küßte, ſo gab er dem Kaiſer doch nicht
eher den Friedenskuß, bis dieſer ihm die „ſchuldige" Ehrerbietung
erwieſen hatte. Und das that ein Barbaroſſa! Dann ſetzte der
Papſt in derſelben Frühſtunde, in welcher er Arnold auf dem
Scheiterhaufen lebendig verbrennen ließ, Barbaroſſa die Kaiſerkrone
auf. Dieſe Todesart war die Ketzerſtrafe, denn man ſagte mit
„frommer Miene": „Es ziemt der heiligen Kirche als einer liebenden
Mutter nicht, Blut zu vergießen, darum müſſen die Ketzer nicht
enthauptet, ſondern lebendig verbrannt werden." — Eine nette,
liebende Mutter!

Gegen die glaubenstreuen und friedliebenden Waldenſer

oder Albigenſer, von denen ſelbſt der „Allerchriſtliche König"
Ludwig XII. von Frankreich ausſagte: „Wahrlich, dieſe Ketzer ſind
beſſer als ich und mein Volk!" veranlaßte der Papſt Innocenz III.
einen 20jährigen beſtialiſchen Vernichtungskrieg, er verhieß Ver=
gebung der Sünden und das ewige Leben allen denen, die an dieſem
grauenhaften Kriege gegen dieſe wehrloſen, wahrhaft bewunderungs=
würdigen Leute, die nichts als ihre Bibel behalten wollten, teil=
nahmen; infolge deſſen 300,000 fanatiſierte Unmenſchen gegen dieſe
Unglücklichen auszogen, um an ihnen Gräuel zu verüben, welche
zu verzeichnen die Feder ſich ſträubt. Und doch bezeichnet die katholiſche
Kirche grade dieſen Papſt, der das Bibelleſen ſtrenge verbot und
auch den Laien den Kelch entzog, als ihren größten Papſt.

Der glaubensſtarke Huß, den man als den Vorgänger
Luthers bezeichnet, wurde wegen ſeiner kühnen Predigten und
Schriften gegen die Mißbräuche des Papſttums 1415 verbrannt,
wobei ſogar Kaiſer und Papſt ſich wortbrüchig zeigten. — Ebenſo
wurde Savonarola für ſein Auftreten gegen die päpſtlichen Irr=
lehren und Schandthaten 1498 gefoltert, ſtranguliert und verbrannt.

Und wenn man an die entſetzliche, von Innocenz III. ein=
geführte Inquiſition denkt, wie ſie in Frankreich und Italien, be=
ſonders aber in Spanien und Portugal, ferner in Amerika, in den
Niederlanden, Deutſchland, Oeſterreich, Polen ꝛc. grauenhaft gewütet
hat, — der Prior der Dominikaner zu Segovia, Thomas del Tor-
quemada, welcher 200 Gehülfen, und eine Schutzwache von 50
Reitern hatte, rühmte ſich einſt, von 1481—1498 über 10,000
Menſchen verbrannt, 97,000 eingeſperrt und 6000 in Bildniſſe
verbrannt zu haben; und dieſer Unmenſch wurde, wenn wir nicht
irren, vom Papſt Pius IX. in die Reihe der Heiligen verſetzt;
unter Kaiſer Karl V. und ſeinem Sohne Philipp haben in den
Niederlanden 100,000 „Ketzer-Hinrichtungen" ſtattgefunden.

Wenn wir über die grauenvolle Bartholomäusnacht von 1572
(Pariſer Bluthochzeit), welche ewig als eine furchtbare Anklage
gegen die katholiſche Kirche daſtehen wird, leſen, daß hier die Menſchen
zu wahren Beſtien wurden und auf Befehl des „Allerchriſtlichſten
Königs" in dieſer einen Nacht in Paris 30,000 Proteſtanten ſcheuß=
lich niedergemetzelt wurden, daß man ob des Gelingens dieſer blutigen
Schandthat in Rom und Madrid Freudenfeſte feierte und der Papſt
ſogar deshalb eine Prozeſſion nach der Kirche des heiligen Ludwig
anordnete, ein großes Tedeum hielt und ein Jubeljahr aus=
ſchrieb; wenn man ſich dann der Königsmörder in Frankreich er=
innert und endlich denkt an die Daumſchrauben, an den ſpaniſchen
Stiefel, an die Pommer'ſche Mütze, an den geſpickten Haſen, an
den glühenden Draht und alle anderen Folterqualen, welche
die päpſtliche Kirche „zur Ehre Gottes" als Strafmittel bei der

Christenheit anwandte, dann muß man gestehen, daß alle Mächte der Hölle mit ihrer vereinten Bosheit und Tücke nichts Entsetzlicheres ersinnen konnten als diese päpstliche Kirche, und daß Satanas selber nicht so foltern wird wie diese Teufel in Menschengestalt. Indem wir hierdurch an der Hand der Geschichte konstatieren, daß zu solcher „Glückseligkeit" die Christenheit durch päpstliche Leitung geführt wurde, daß also darin das Glück und das Heil der Völker besteht, welches sie von Rom zu erwarten haben, fragen wir: Ist das die Religion der Liebe? Hat der göttliche Erlöser so gelebt und gelehrt, dessen Nachfolger und Stellvertreter sich die römischen Päpste mit Vorliebe nennen? Hat Christus solch ein Vermächtnis der Christenheit hinterlassen und ist das der Geist, welchen er ihr verhieß und sandte? In diesem Falle müßte Christus doch wohl Beelzebub heißen.

Wer diese Blätter einer laut redenden Geschichte kennt, der muß in der That ausrufen: „Welch entsetzlicher Mißbrauch an dem Heiligsten, welch frecher Hohn an der Gottheit und welch teuflischer Frevel an der Menschheit! Selbst die Heiden ergreift Entsetzen ob eines solchen Gottes, denn als die Indianer in Südamerika durch die Spanier den päpstlichen Christengott kennen lernten, riefen sie ihnen entgegen: „Wir wollen Euch alle unser Gold geben, aber verschont uns mit Eurem Gotte, denn so schrecklich als Euer Gott sind unsere Götter nicht!" Auch wir Protestanten rufen: „Hinweg von uns mit solchem römischen Gotte!" — Wie aber verteidigt sich die römische Kirche gegen solche Anklagen? Einfach dadurch, daß sie mit dreister Stirn behauptet, alle diese historischen Wahrheiten seien protestantische Geschichtsfälschung; während jene Nachrichten, wenigstens vor der Reformation, doch alle von katholischen Schriftstellern als Augenzeugen oder aus den Chroniken der Klöster und Städte herstammen; während ferner noch heute darüber die Staatsarchive grade der katholischen Höfe den zweifellosesten Beweis und Aufschluß geben. Jenen dreisten Behauptungen liegt daher entweder Blindheit oder Bosheit zum Grunde; Blindheit für diejenigen, welche völlig befangen in ihrem Urteil sich durch jesuitische Kniffe blenden lassen, und das ist bei der größeren Masse der Fall; Bosheit aber für diejenigen, welche die Wahrheit nach einer sophistischen Weltklugheit bemessen, welche also die Wahrheit dem jesuitischen Denken und Handeln unterordnen und in erster und letzter Reihe nichts als die päpstliche Herrschaft anstreben. Diese aber heißt heute nichts anderes als: „Herrschaft der Jesuiten."

Wann wird auch hier die Weltgeschichte einmal zum vollen Weltgerichte werden?

Wohl mag es erklärlich erscheinen, wenn welsche Männer mit welscher Zunge sich für den römischen Gott und die päpstliche

Herrschaft begeistern; aber unbegreiflich ist es, wenn deutsche Männer mit deutscher Zunge und deutschem Blute, die also mit uns Söhne e i n e s Vaterlandes und e i n e s Stammes sind, überall und zu jeder Zeit beharrlich unter der Fahne eines fremden Souveräns für dessen unbemessene Herrschaft kämpfen. Solcher Mut und solche Ausdauer sind wahrlich einer besseren Sache wert. Diesen Vater= landslosen wurde die Heimat zur Fremde.

Wenn wir nun hiermit die Gebrechen der damaligen Zeit und Kirche nur kurz andeuteten, so ist das nicht geschehen, um Haß gegen die Urheber zu erwecken, über sie zu richten oder überhaupt einen Steinen auf Andersgläubige zu werfen, dagegen verwah= ren wir uns ausdrücklich. Denn so lange die Richtigkeit einer Religion nicht mathematisch zu beweisen ist, so lange wird es ver= schiedene Religionen geben. Da aber ein solcher Beweis unmöglich ist, weil sichs hier um Glaubenssachen und nicht um mathematisch bewiesene Wahrheiten handelt, so wird jede Religion und Konfession von sich behaupten, im Besitz des w a h r e n Glaubens zu sein.

Hieraus folgt: So lange in katholischen, jüdischen und muhamedanischen Ehen Kinder geboren werden, so lange bleibt es ein Unrecht, dieselben ihrer Geburt und ihres Glaubens wegen zu hassen und zu verfolgen. — Solchen Haß zeigte das alte Rom und die päpstliche Kirche. Wir aber beugen uns vor dem Allmächtigen, der da spricht: „Die Rache ist mein, ich werde schon heimsuchen, wenn meine Zeit kommt heimzusuchen." Und Christus sagt: „Richtet nicht, auf daß ihr nicht gerichtet werdet, sondern liebet eure Feinde."

Wer aber so lehrte und lebte, wer nichts als Liebe war und nichts als Frieden bringen wollte, der mußte göttlichen Ur= sprungs sein und dessen Lehre mußte dem Himmel entstammen. Folg= lich kann auch nur diese Religion zur höchsten Kultur führen.

Bekennen wir uns nun zu Christi Lehre, so ist es unsere heiligste Pflicht, der Nachfolge Christi uns möglichst zu befleißigen, das Leben und die Lehre des göttlichen Stifters und seiner Apostel zu vergleichen mit dem Leben der Päpste und den ungeheuerlichen Lehren, welche im Laufe der Jahrhunderte in der päpstlichen Kirche als Glaubenssätze eingeführt wurden. Dann aber wird man es begreiflich finden, daß wir stolz sind auf den Namen P r o t e s t a n t e n. Zwar haben wir nichts gegen die katholische Religion, w e l c h e s i c h mit der Apostel=Lehre deckt, denn nichts anderes als das hat L u t h e r gewollt, doch protestieren wir ganz entschieden gegen die Religion, wie sie von den Päpsten und Jesuiten verunstaltet wurde. — Dieses Recht des Vergleichens und der Prüfung ist eine Bevorzugung für uns Protestanten, welches wir auch bedingungslos beanspruchen.

Hiermit soll indes keiner Katholiken- oder Judenhetze irgend- wie Vorschub geleistet werden, im Gegenteil, gern wollen wir mit den Katholiken in Ruhe und Frieden leben, wenn sie sich aller Ueber- griffe in Staat, Kirche, Gemeinde und Familie enthalten. Auch sind bei uns in Deutschland beide Konfessionen berechtigt, es mag daher jeder nach seinen „Façon" selig werden. Endlich ist bei red- lichem Willen auf beiden Seiten der Friede zwischen beiden nicht nur möglich, sondern in dem gemeinsamen Gottesgedanken der beiden muß sogar die Bürgschaft eines friedlichen Nebeneinanderbestehens beider Konfessionen gefunden werden. „Wie einst Martha und Maria bei aller Verschiedenheit ihres Wesens beide neidlos dem Einen dienten, so soll und muß neben den beiden religiösen An- schauungen der gemeinsame Gottesgedanken vorherrschen."

Somit ist keinerlei Uebergriff von irgend einer Seite ge- stattet, auch heißt unser Wahlspruch: Jedem das Seine, wir müssen daher die maßlosen Ansprüche des römischen Papstes, welche er laut der Taufe hartnäckig an uns evangelische Christen stellt, ganz entschieden für alle Zeit zurückweisen, denn wir kennen nur einen Mittler, und der heißt Christus. Folglich haben wir mit dem römischen Papste nichts zu thun, der hat uns weder zu beanspruchen noch in unserm Kultus zu stören oder zu verdammen. Vielmehr fordern wir von unserm Staate, daß er uns gegen die Uebergriffe eines fremden Priesters schützt und keinen beson- deren Staat im Staate duldet. Und damit verlangen wir nichts als Gerechtigkeit, Wahrheit und Licht.

Daß aber Luther und sein Werk in der Geschichte berech- tigt sind, daß er in jener Zeit der Not und Gefahr ein auserwähltes Rüst- und Werkzeug, ein wirklicher Mann Gottes war, das wird jeder zugeben, der die Geschichte respektiert. Denn Luther hat den menschlichen Geist von den römischen Fesseln befreit und die christ- liche Lehre rein wieder hergestellt. Luther hat dem deutschen Volke die deutsche Bibel und den deutschen Gottesdienst gegeben, wodurch er der Schöpfer unser jetzigen Schriftsprache geworden ist; Luther hat ferner der deutschen Christenheit seinen Katechismus und das deutsche Kirchenlied gegeben; Luther ist endlich noch als der Be- gründer der deutschen Volksschule anzusehen. — Und das sind doch wohl die höchsten Errungenschaften, so daß wir ihm ewig dankbar sein müssen. Wo wäre Deutschland und die Christenheit wohl heute, wenn kein deutscher Luther dagewesen wäre.

Thatsächlich haben wir also ihm und seinem unsterblichen Werke das zu verdanken, was uns auf Erden heilig, hoch und teuer ist. Da dieses nun zugleich ein unveräußerliches Erbteil unserer Väter ist, wofür sie einst gekämpft, gelitten und geblutet

haben, so haben wir dasselbe auch unverkürzt unsern Kindern der=
einst wieder zu überliefern.

Doch trotz dieser großen Verdienste vergöttern wir Luther
keineswegs, ist er doch nur Fleisch von unserm Fleisch, wohl aber
sind wir stolz auf ihn und bekennen uns gern zu seiner Lehre. Und
darin wollen wir geschützt sein, denn wir wünschen nicht wieder zu
der blinden Masse zu zählen, die nur ein willenloses Werkzeug ist
in den Händen einer maßlos herrschsüchtigen Hierarchie.

Gern wollen wir als aufrichtige Anhänger Christi wahre
Toleranz und christliche Nächstenliebe üben, doch soll diese Toleranz
nicht ausarten in die moderne Humanität, d. h. Gleichgültigkeit.
Diesem Zerrbilde unserer Zeit gegenüber erscheint es um so dringender,
unserer heiligsten Pflichten stets eingedenk zu bleiben, weil eine
staunenswerte jesuitische Taktik, eine ameisenartige Thätigkeit und
eine beispiellose Beharrlichkeit der Römischen eine stete Gefahr für
uns ist. Vergessen wir nämlich nicht, daß seit den Tagen des
Kaisers Augustus bis heute Rom dasselbe Ziel verfolgt. — Darum
soll Luthers Werk im richtigen Verständnis uns allezeit vorschweben
als ein heiliges Palladium. Und indem wir uns für dieses Werk
begeistern, wollen wir zugleich auf diejenigen wirken, welche dafür
der Begeisterung noch fähig sind. —

Anderseits verstehen wir sehr wohl, warum das Papsttum
die höchste Autorität und den bedingungslosesten Absolutismus für
sich fordern und in sich vereinigen mußte; warum es jedem, der
daran auch nur leise zu rütteln wagte, sein noli me tangere
entgegen donnerte und ihn unter jeder Bedingung zu vernichten
suchte, denn mit diesem Absolutismus steht und fällt das
Papsttum. Würde es denselben nur einen Augenblick verlassen
und ruhig geschehen lassen, daß eine Säule dieses Absolutismus
unterwühlt würde, dann würde dieser altehrwürdige, gewaltige Bau
bald zusammen fallen. Es kann also schon seiner Selbsterhaltung
wegen nicht anders handeln, es muß in solchen entscheidenden Fällen
sein charakteristisches non possumus von der stolzen Höhe seines
Standpunktes erschallen lassen, es mußte endlich als letzte Consequez
das denkwürdige Unfehlbarkeits=Dogma des Papstes der erstaunten
Welt verkünden. Dadurch wurden aber auch dem Blödesten die
Augen geöffnet.

Wenn nun die Geschichte bestätigt, daß Rom Jahrhunderte
lang die Leitung der Völker mit ebensoviel Geschick als Energie
und Rücksichtslosigkeit thatsächlich ausübte, daß es sich seines Ziels
stets völlig bewußt war und dasselbe durch jedes Mittel zu erreichen
suchte, so ist der tausendjährige Kampf gegen das souveräne deutsche
Kaisertum ganz erklärlich. Da es ferner selbstverständlich ist, daß
dem Papsttum als hierarchische Spitze für seine Ziele die Religion

das natürlichste und zugleich ergiebigste Mittel war, so war ihm die Religion nicht Zweck, sondern lediglich Mittel zum Zweck. Und
daraus erhellt endlich, daß das Papsttum nicht mit dem Christentum identisch ist, daß es sich durchaus nicht mit demselben deckt
und keineswegs eine notwendige Frucht desselben ist; daß es vielmehr als ein wilder Auswuchs erscheint, der sich vom wahren Baume
dadurch unterscheidet, daß er nur den Saft und die Lebenskraft des
Baumes benutzt, um auf diesem wuchern und gedeihen zu können.
Luther und alle Gegner wollten daher den Baum auch nicht um-
hauen, sondern denselben nur von dem schädlichen Schmarotzer-
Gewächs befreien, damit er mehr und bessere Früchte zeitigen könne.

Weil nun das Papsttum im Laufe der Zeit unter Begünstigung
mancherlei Umstände sich auf die Höhe eines Absolutismus zu
schwingen gewußt hatte, der in Beziehung auf System und Ausdauer den Absolutismus der größten Tyrannen weit hinter sich
läßt, der neben der höchsten Kraft und Macht auch eine beispiellose Klugheit zu entwickeln wußte, welcher die größten Männer
aller Zeiten ihre Anerkennung nicht versagten; weil ferner die römische Kirche je länger desto mehr von der alttestamentlichen Priester-
herrschaft annahm und das Papsttum den römischen Traditionen
gemäß nach einer geistlichen Universal-Monarchie strebte, was natürlich alles mit den Lehren Christi wie auch mit der apostolischen
Verfassung im grellsten Widerspruch stand; weil endlich dieses alles
seine direkte Rückwirkung auf Kirche, Staat, Familie und auf den
Geist und das Leben jedes einzelnen Menschen ausübte, deshalb
handelte sichs in dem von Luther begonnenen Kampfe nicht nur
um die reine Lehre Christi und seiner Apostel, sondern es handelt
sich auch um die Erlösung der Geister aus den römischen Fesseln,
um die Freiheit des Forschens auf jedem Gebiet; es handelt sich
überhaupt um die Würde des Menschentums. Und weil sichs
um das Höchste und Heiligste handelte, was wir Menschen besitzen,
darum ist dieser Kampf auch der gewaltigste und heiligste. Mögen
die Opfer desselben auch groß zu nennen sein, das Kampfesobjekt ist
als Siegespreis doch unendlich größer.

Leider müssen wir hier auch der großen Schatten gedenken,
welche durch das Licht Luthers entstanden. Das ist zunächst
der Partikularismus der protestantischen Fürsten, und dann der
ekelhafte Streit der protestantischen Theologen. Dieser Streit innerhalb der evangelischen Kirche, welcher von politischen Geistlichen
begonnen und mit aller Wut geführt wurde, — man denke nur
an die high-flighers in Wittenberg und Heidelberg, an die un-
barmherzige Verfolgung der Kryptocalvinisten 2c., — geschah meistens
im dynastischen Interesse der Fürsten und brachte der evangelischen
Sache unberechenbaren Schaden, den Gegnern aber großen Vorteil.

Diese eitlen Fürsten und fanatischen, dabei doch servilen Geistlichen, diese evangelischen Päpste ermöglichten die nächsten Kriege und die traurigen Niederlagen der Evangelischen. Leider finden wir noch heute solche evangelische Päpste, welche uns zeigen, daß sie weniger Apostel des Friedens als vielmehr Apostel des Unfriedens sind. — Als nun jene kirchlichen Gebrechen, besonders seit der Zeit Gregors VII., ihre volle Rückwirkung auf den Staat ausübten; als Rom abermals den Völkern der Erde die Bahnen vorzeichnete, die sie wandeln sollten, welches zwar nicht in der Cäsarenkrone mit dem Schwerte und eisernen Hand geschah, sondern in der dreifachen Krone mit dem Krummstabe und eisiger Hand; da sehen wir an dem weltgeschichtlichen Himmel die verhängnisvollen Vorboten einer neuen Zeit aufsteigen; Vorboten, welche die großartige Ausdehnung der bevorstehenden Katastrophe andeuteten. Der Kompaß, das Schieß= pulver und die Buchdruckerkunst waren erfunden, dazu hatte man eine neue Welt, den Seeweg nach Ostindien und die Gesetze einer ganz neuen Weltordnung entdeckt. Ueberhaupt zeigte der menschliche Geist auf jedem Gebiete ein derart mächtiges Drängen, das alle finsteren Mächte seine gewaltigen Schwingen nicht länger mehr zu fesseln vermochten.

Und wirklich, der klare Blick des gewissenhaften Beobachters täuschte nicht, denn nach der Zeit, als drei Päpste um die päpst= liche Krone stritten, sich und die ganze Christenheit verfluchten; als drei Kaiser sich um den Thron zankten und es in Deutschland am kläg= lichsten bestellt war; als Raubritter die Schiffe u. friedlichen Wanderer ausplünderten und die Bauern die Schlösser in Asche legten und mit Mist= gabeln Greise und Säuglinge aufspießten; als die Gesetzlosigkeit Gesetz war und die Päpste den Eid entweiht hatten; als die Wahrheit und Kaisertreue mit Huß auf den Scheiterhaufen stieg; als man in Rom die finsteren Orgien einer heidnischen Lust und Begierde feierte und das reine Evangelium vom nächtlichsten Dunkel umhüllt war; als der Wissenschaft und freien Forschung Ketten angelegt wurden und der Aberglaube der römisch erzogenen Christenheit mindestens dem Heidnischen gleich war; als Papst Innocenz VIII. — der 16 uneheliche Kinder hatte und eine Sündentaxe drucken ließ, woraus man ersehen konnte, um welchen Preis die Dispen= sation zu haben war — die Hexenprozesse etablierte, weshalb jähr= lich über 2000 unglückliche Weiber Deutschlands auf den Scheiter= haufen steigen mußten, wobei unser romanisch geschultes Volk jauchzend Beifall klatschte, wenn die durch die Folter verzerrten Glieder der Unglücklichen von den schrecklichen Flammen verzehrt wurden; als der Papst Völker verfluchte und Verbrecher selig sprach); als er Throne vergab und die Welt zu seinen Füßen lag;

als er dem Volke goldene Brücken baute zur Bezahlung von Sünden und Verbrechen; als der schamloseste Frevel am Christentum verübt wurde, indem sogar Papst Leo X. (der Zeitgenosse Luthers) seine freudige Verwunderung darüber aussprach, welchen Nutzen ihm und den Seinen „jene Fabel von Christus" eingebracht habe, zu der Zeit, als das Christentum seine völlige Kehrseite zeigte, — da war endlich die Zeit erfüllt, daß Gott Hülfe sandte, daß er den gewaltigen Bau der unersättlichen und übermütigen Römer zerstörte. Und das geschah durch unsern deutschen Luther. Diese urgermanische Heldenseele in der Gestalt eines schlichten und einfachen Mönches führte den gewaltigen Kampf gegen das Papsttum, welches damals in der Blüte seiner Macht stand; gegen den mächtigen Kaiser, in dessen Reiche die Sonne nicht unterging. — Wenn aber unser Vater Luther diesen Kampf nur mit dem zweischneidigen Schwerte führte, wenn weder durch List und Fluch des erbitterten Papstes und seiner Satelliten, noch durch Schwert und Verfolgung des gewaltigen Kaisers und seiner Trabanten das Werk Luthers zu hindern, geschweige zu vernichten war, so muß hier jeder „Gottes Finger" erkennen, wie das einst ebenso der Fall war bei dem Werke der Apostel, gegen welches der entsetzliche Tyrann Nero und alle seine blutdürstigen Nachfolger bis Diokletian, also fast drei Jahrhunderte lang, sich vergeblich verschworen hatten.

Wer in solchen Bildern der Geschichte Gottes Hand nicht sehen will, der übt einen Frevel an der Gottheit, denn diese Bilder sind treu und wahr, weil sie vom ewigen Meister selber mit ehernem Griffel gezeichnet wurden; sie sind ernst und für alle Zeiten lehrreich, gehen wir daher nicht leichtsinnig an ihnen vorüber. Und betrachten wir so die Geschichte als eine Offenbarung Gottes dann sehen wir häufig, daß grade die Zeiten des Kreuzes und der Not solche waren, in denen Gott besonders seine Herrlichkeit hat offenbaren wollen.

Um eine Vorstellung von jener großen Zeit erhalten zu können, stellen wir uns vor Kaulbachs „Zeitalter der Reformation." Welche Männer, welche Thaten; welche Geister, welches Ringen; welche Forscher, welche Sieger; welche Kräfte, welche Werke treten uns auf diesem gewaltig ergreifenden Bilde der Weltgeschichte entgegen! Luther und Kolumbus, Melanchthon und Kopernikus, Savonarola und Galilei, Zwingli und Macchiavelli 2c. Und von allen diesen steht im Vordergrunde dieses großartigen Bildes der unvergleichliche deutsche Glaubensheld Luther, der auf sein Banner schrieb: „Wahrheit, Recht und Licht" während auf dem Banner seiner Feinde stand: „Lüge, Knechtung und Herrschaft." —

Hieraus möge nun zur Genüge erhellen, wie traurig die kirchlichen, socialen und politischen Zustände der damaligen Zeit waren und welch großartige Zeit mit Luther beginnt. Da selbst bei der hohen Geistlichkeit eine Entartung offen zu Tage trat; da in den Klöstern Trägheit, Unwissenheit, Aberglaube, Völlerei und Zuchtlosigkeit vorherrschten, wie uns solches, die Geschichte der einzelnen Klöster berichtet, und dies alles unter päpstlich=bischöflicher Leitung geschah, so mußte die Reformation mit ihren Verboten einen wohlthätigen Einfluß nach jeglicher Richtung hin auf alle Schichten der Bevölkerung ausüben.

Auch die Fürsten blieben nicht mehr ausschließlich Krieger, sondern zeigten sich nach und nach mehr als Regenten und friedliebende Landesväter. Die Fehden zwischen den benachbarten Fürsten wurden weniger durch das Schwert als vielmehr durch weitläufige und langwierige Unterhandlungen vor den Reichsgerichten ausgetragen. Seit Erfindung des Schießpulvers gab die rohe Tapferkeit in der Kriegskunst nicht mehr den Ausschlag, das kriegerische Talent der kleinen Fürsten konnten überhaupt nur noch im Dienste der größeren zur Geltung kommen. Die Gerichte entschieden nach römischem Recht und die Justiz wanderte von den freien Gerichtsplätzen in die Räume des Amts= oder Rathauses. — Dagegen wurde das Handwerk vermehrt und verbessert, die Industrie wie die gesamte Thätigkeit des Volkes neu belebt und manche neue Quelle des Wohlstandes geöffnet.

Die Macht der Gemeinden, Städte und Staaten wuchs infolge einer besseren Verwaltung. Der dadurch vermehrte Aufwand veranlaßte freilich auch eine Vermehrung der Abgaben, indes hatte dies wiederum zur Folge, die ererbten Länder nicht durch Teilungen zu zersplittern und den Einfluß der Landstände, namentlich in Beziehung auf die Gesetzgebung, zu erweitern. Nicht selten mußten die Stände zur Deckung der Landesschulden ihre Hand bieten. Die Städte kamen in den Besitz der Patrimonialgerichtsbarkeit und der Criminaljustiz. Und weil hier die Intelligenz wuchs, so beschränkten diese sich nicht mehr ausschließlich auf den Ackerbau, sondern sie beteiligten sich lebhaft an dem Handel. Dadurch hatte sich in unserer Grafschaft besonders Stadthagen zu einer gewissen Wohlhabenheit emporgeschwungen, ebenso Rinteln durch seine Weserschifffahrt und Rodenberg durch sein berühmtes Bier.

Wenn nun das von Wittenberg durch Luther über Deutschland sich verbreitende Licht spät, erst in der zweiten Hälfte des 16. Jahrhunderts und auch dann noch gegen den Willen der Grafen in unsere Grafschaft eindrang, so war der Grund davon lediglich ein Ausfluß der Pietät und Dankbarkeit, denn unsere Grafen waren nicht geneigt, sich von einer Kirche zu trennen, die ihren Vorfahren viel Ehre und reiche Pfründe gebracht hatte, eine Mutter zu verlassen, die gegen sie besonders gütig gewesen war. Sie zählten nämlich in ihrem gräflichen Hause zwei Erzbischöfe und Churfürsten von Köln, drei Bischöfe von Hildesheim, fünf Bischöfe von Minden, einen Bischof von Olmütz, einen Bischof von Osnabrück, mehrere Dompröpste, Klosterstifter und Aebtissinnen. —

Graf Justus (Jobst) I. von 1527—1532 hielt daher in jener heftig bewegten Zeit der Reformation fest an dem katholischen Ritus, dessen Pracht sich bei der Beerdigung seines Vaters (Johann IX.) in der Stiftskirche zu Obernkirchen in auffallender Weise entfaltete, indem dabei 335 Priester und Mönche mit dem Bischof von Minden und dem Abt von Loccum die Seelenmessen verrichteten. Aber bei aller Achtung gegen die Geistlichkeit verschonte sie Justus doch nicht, als es darauf ankam, die vom Vater und Oheim infolge der vielen Kriege ererbte Landesschuld abzutragen, weshalb es ihm gelang, binnen vier Jahren eine Schuld von 100,000 Gulden zu bezahlen.

Seinen Zorn fühlte 1528 besonders die Stadt Oldendorf, welche er wegen Widersetzlichkeit wie eine feindliche Stadt überfiel und sie zum Gehorsam zwang. Sonst ließ er dem Lande seine Freiheiten. Er starb 1532, wurde in Möllenbeck begraben und hinterließ 10 Söhne: Otto, welcher als Kind starb; Heinrich IX., welcher ebenfalls auf seiner kriegerischen Laufbahn im Dienste Kaiser Karls V. vor Mailand starb und auch in Möllenbeck begraben wurde; Adolf XI.; Johann X.; Otto IV.; Justus II., welcher die Herrschaft Gehmen bekam und 1581 daselbst starb; von ihm stammen die letzten Grafen von Schaumburg ab; Anton II.; Wilhelm III. war Dompropst zu Hildesheim, starb 1580 zu Rinteln und wurde in Möllenbeck begraben; Erich III. lebte unverheiratet in Recklinghausen und starb 1565; Ernst II. ging in württembergische Kriegsdienste und starb hier kinderlos.

Graf Adolf XI. von 1532—1539, der merkwürdigste unter diesen Brüdern, widmete sich dem geistlichen Stande, wurde Domherr zu Köln und verwaltete als solcher nach des Vaters Tode als Vormund der jüngeren Geschwister die Grafschaft. Hierzu gaben die zu Rodenberg versammelten Stände ihre Zustimmung, auch erhielt er dazu die Erlaubnis seines Kurfürsten und des Domkapitels. Die Witwe seines Vaters zog nach Gehmen. Er tilgte die rückständigen Schulden, baute das Schloß zu Sachsenhagen aus und kehrte 1534 nach Köln zurück, nachdem er vorher dem Grafen Simon von Lippe, seinem Bruder Johann und fünf Räten auf drei Jahre die Verwaltung des Landes übertragen hatte. In Köln wurde er sogar zum Coadjutor des Kurfürsten, in dessen besonderer Gunst er stand, gewählt und bestätigt. Als aber der alte Kurfürst Hermann, ein geborener Graf von Wied, mit Einstimmung eines Teils seines Kapitels eine Kirchenverbesserung in seinem Erzbistum einführen wollte und zu diesem Zwecke sogar Melanchthon aus Wittenberg kommen ließ, da trat Adolf von ihm ab auf die Seite der Universität, des Magistrats und desjenigen Teils des Kapitels, welcher gegen die Neuerungen war. Alle diese wandten sich an den Kaiser und an den Papst Paul III., welcher den Kurfürsten sogleich absetzte und Adolf von Schaumburg 1546 an dessen Stelle zum Erzbischof ernannte. In dieser Würde vertilgte er mit jesuitischer List und Beharrlichkeit alle Spuren der Reformation in seinem Sprengel, berief 1549 ein Provinzial-Konzilium und war ein thätiges Mitglied der Tridentiner Kirchenversammlung, überhaupt eine Stütze des Katholizismus. Er starb 1556.

Ihm folgte in Amt und Würden sein gleichgesinnter Bruder Anton II., welcher aber den erzbischöflichen Stuhl in Köln nur zwei Jahre inne hatte, denn er starb schon 1558. Beide sind in Köln begraben. Dagegen folgte in der Grafschaft der andere Bruder, Graf Johann X. von 1539—1544 (1560). Dieser beteiligte sich schon seit 1534 an der Regierung, führte diese selbständig seit 1539 und bezog das Schloß zu Bückeburg. Nachdem er aber in den Händeln des Landgrafen Philipp mit dem Herzoge Heinrich von Braunschweig letzterem Beistand geleistet hatte, entsetzte ihn Philipp des Hauses Bückeburg, und nur durch einen merkwürdigen Revers von 1547 konnte er den Zorn des Lehnsherrn mildern und wieder zu seinen Besitzungen gelangen. Er starb 1560 und wurde in Möllenbeck begraben.

Im Jahre 1536 war im Weserthal der Grafschaft ein schreckliches Unwetter (Wolkenbruch), bei der Ueberschwemmung ertranken viele Menschen und viel Vieh.

Graf Otto IV. von 1544—1576 wurde von den Rittern und Ständen schon 1544 auf den Wunsch seines Bruders zum regierenden Grafen gewählt. Auch dieser war für den geistlichen Stand bestimmt, hatte in Löwen studiert, dem Sitze des strengsten Katholizismus, war ausgerüstet mit den nötigen Sprachkenntnissen und wurde nach Bayern gesandt, um sich am Hofe Wilhelms IV., den Standhaften, weiter auszubilden. Letzterer war ein erbitterter Gegner des Protestantismus. So zum geistlichen Oberhaupte vorbereitet, wie es die römische Kirche in jenen Zeiten der Gefahr verlangte, voll kühnen Mutes, ward er Mitglied des Hildesheimer Domkapitels und daselbst sogar auf Wunsch Kaiser Karls V. 1531 zum Bischof gewählt. Doch Otto's kriegerischer Geist widerstrebte den Anordnungen seines älteren Bruders Adolf, und als die päpstliche Bestätigung länger als 6 Jahre auf sich warten ließ, resignierte er

1537 und vertauschte den Bischofstab mit dem Schwerte und die Tiara mit dem Helm. Wahrscheinlich erfüllte er hiermit einen Wunsch des Papstes, welcher wohl gehört hatte, daß er für seine bischöflichen Funktionen weniger Eifer entwickelte. Eine reiche Gelegenheit für tapfere Thaten bot ihm der damalige Krieg gegen die Türken, den Erzfeind der Christenheit, welche Ungarn verheerten und Deutschland bedrohten. Er schloß sich mit seinen Kriegern den Schaaren des Kurfürsten Joachim II. von Brandenburg an und zeichnete sich durch besondere Tapferkeit aus, so daß sein Kriegsruf weit über die Grenze Deutschlands hinaus ging. Aber die deutsche Tapferkeit vermochte nichts gegen die Macht Solimans, des Prächtigen, vor dem Europa zitterte, weshalb sich König Ferdinand 1544 genötigt sah, einen Waffenstillstand von fünf Jahren gegen einen jährlichen Tribut zu erkaufen. Otto kehrte in demselben Jahre nach Stadthagen zurück, übernahm die Regierung des Landes und verheiratete sich mit Maria, einer Prinzessin von Pommern, mit welcher er in Ruhe und Zufriedenheit lebte, bis sie ihm 1554 durch den Tod entrissen wurde. Dieser schmerzliche Verlust trieb ihn aus der Stille eines ruhigen Lebens wieder hinweg in das Geräusch des Krieges, welchen damals Philipp II. König von Spanien, in Italien und den Niederlanden gegen die Franzosen führte. Die berühmte Schlacht bei St. Quentin 1557 wurde namentlich durch Otto's Mut und Geschick für die Spanier gewonnen. Philipp suchte ihn daher für seine Kriegsdienste an sich zu fesseln und ernannte ihn zu seinem Kriegs-Obristen. Dennoch kehre Otto aus unbekannten Gründen noch vor Beendigung des Krieges in sein Land zurück und bewarb sich um die Hand der Prinzessin Elisabeth Ursula von Lüneburg. Dieses war die Veranlassung, daß der Bruder zweier Erzbischöfe, der einstige Bischof von Hildesheim die Reformation in unsere Grafschaft einführte und beschützte. „Welche Wendung durch Gottes Fügung!"

Die Reformation in der Grafschaft Schaumburg.

Nachdem Luther schon 1546 gestorben und in vielen Ländern und Städten Deutschlands die Reformation bereits eingeführt war, auch ein Religionskrieg und andere Aufstände durch den „Augsburger Religionsfrieden" ihren Abschluß gefunden und dadurch sich die ganzen Verhältnisse etwas geklärt hatten, wußten die Bewohner unserer Grafschaft kaum etwas von dem, was die ganze Christenheit in so große Bewegung setzte, denn sie wurden in Unwissenheit und Stumpfsinn erhalten. Der eigentliche Zweck des Lebens, das ideale Bewußtsein war ihnen völlig fremd. Die meisten arbeiteten für die Geistlichkeit. Die reichen Güter des Stifts Möllenbeck verzehrte seit 1444 eine verhältnismäßig geringe Anzahl herumlungernder Augustiner Mönche. Die Stifte Obernkirchen und Fischbeck waren zwar noch fortwährend von Nonnen bewohnt, hatten aber durch Schenkungen und Kauf ihre Güter fast verdoppelt und öffneten sich vorzugsweise den Jungfrauen adeligen Standes. Das Kloster Abdinghof in Paderborn sowie das Domkapitel in Minden zogen ihre Gefälle. Das Jakobskloster und die Kolonie in Egestorf waren nicht minder wohlhabend. Und neben allen diesen mit Grundbesitz ausgestatteten Klosteranstalten, wanderten die Franziskaner Bettelmönche aus Stadthagen, diese wahren Apostel des Aberglaubens, welche aus den niedrigsten Ständen hervorgingen und auch besonders auf die wirkten, im Lande herum, um ihren Bedarf zusammenzubetteln. Dem Volke gab man dagegen Prozessionen, eine Menge Festtage, einen prunkvollen Gottesdienst und die tollsten Lehren über Leben und Seligkeit!

Der Besitzer einer Pfarre war häufig ein ganz untaugliches Subjekt, welcher sich zum Messelesen wie für die andern geistlichen Funktionen einen völlig unwissenden und ebenso entarteten Stellvertreter gegen eine geringe Abgabe hielt, während jener nur dazu da war, die vollen Einkünfte zu beziehen. Und darin lag gerade ein Hauptgrund des sittlichen Verfalls unsers Volkes, denn diese Stellvertreter wurden für den niedrigsten Preis, wofür ein Gebildeter nicht zu haben war, geworben und mußten daher, um leben zu können, ihre Einnahmen auf andere Art und Weise zu vermehren suchen. Das thaten sie denn auch, indem sie mit den bettelnden Franziskanern um die Wette den Aberglauben unter dem niedrigen Volke, dem sie ohnehin durch Geburt und Sitte nahe standen, möglichst verbreiteten. Die Bevölkerung wurde durch erdichtete Wunder getäuscht, und jährlich zogen viele Hunderte an sogenannte heilige Orte. Solche Wallfahrten förderten aber nur die Neigung zum Herumschweifen wie zu andern Lastern. Daher war an der Weser noch um Mitte des 16. Jahrhunderts wohl einer der dunkelsten Punkte Deutschlands. —

Diese jammervollen Zustände des Landes und die Uebelstände in der katholischen Kirche scheinen dem Grafen Otto nicht unbekannt gewesen zu sein, weshalb er den ersten Anfängen der Reformation in der Grafschaft nicht feindlich gegenüber trat.

Als nämlich Johannes Rohde aus Stadthagen, Vicepfarrer

zu Lindhorst, seine Stimme für die gereinigte Lehre erhob; als nochmehr Eberhard Poppelbaum, Priester an der Kirche zu Oldendorf, 1552 energisch gegen die kirchlichen Mißbräuche predigte und großen Beifall bei der Bürgerschaft, dagegen Widerstand bei dem Adel fand, weshalb dieser mit allem Eifer auf die Verjagung des Priesters drang, da erschien Otto persönlich in Oldendorf und erklärte, daß man einer Gemeinde ihren beliebten Prediger nicht ohne einen gefährlichen Aufstand zu erregen nehmen könne, er wolle daher diese Sache auf sich beruhen lassen. Auf diese Weise wurde Poppelbaum ohne öffentlichen Schutz der Reformator des Kirchspiels Oldendorf und der Parochie Fuhlen, trotzdem das Stift Fischbeck dagegen großen, aber doch vergeblichen Widerstand erhob.

Um diese Zeit bewarb Graf Otto sich um die Hand der Braunschweigischen Prinzessin Elisabeth. Da dieselbe aber evangelisch war, so stellten ihre Brüder die Bedingung, entweder der Gemahlin einen lutherischen Hofprediger zu halten, oder überhaupt der Verbreitung des Protestantismus in der Grafschaft keine Hindernisse mehr in den Weg zu legen. Otto wählte aus Rücksicht gegen seinen Bruder Anton, den Erzbischof von Köln, die erste Bedingung und nahm den ihm empfohlenen Jakob Dammann als Hofprediger 1558 an seinen Hof. Jetzt schien die Stunde der Mönche und Klöster auch in der Grafschaft um so mehr geschlagen zu haben, weil der Erzbischof Anton noch in demselben Jahre starb. Da Otto diese Rücksicht nicht mehr band, so erklärte er sich frei für den lutherischen Kultus und erteilte dem Hofprediger Dammann 1558 die geistlichen Aufsicht über die ganze Grafschaft. *)

Nun erfolgte schnell auf einander die Aufhebung der Messe und anderer Gebräuche, ebenso die Säkularisation des Klosters zu Egestorf 1559; die der Klöster zu Stadthagen und Rinteln 1560. — Obernkirchen und Fischbeck erregten zwar heftigen Widerstand, mußten sich jedoch 1563 und 1564 unterwerfen. — Möllenbecks damaliger Prior, Hermann Weening, ein vorurteilsfreier Mann, bot freiwillig die Hand zur Reformation seines Klosters, legte darin eine Schule an, welche bis in die Zeiten des 30jährigen Krieges bestand. Im Jahre 1563 war alles soweit gediehen, daß Otto eine allgemeine Kirchenvisitation anstellen konnte, bei welcher sein Kanzler Gogreve, von dem Adel Johann von Lange, Joachim und Johann von Post und Christian von Landsberg, und von der Geistlichkeit Jakob Dammann, Eberhard Poppelbaum, Johann Vordemann und Theodor Heidemann thätig waren.

---

*) Jakob Dammann hatte in Wittenberg studiert und starb 1591. Sein Bildnis bewahrt die Kirche in Stadthagen.

Gegen die Säkularisation der Klöster machten aber die adeligen Stände gegründete Einwendungen, besonders gegen die Ein-
ziehung von Obernkirchen und Fischbeck, denn diese beiden Klöster,
größtenteils durch adelige Schenkungen dotiert, waren die Zufluchts-
örter für unverheiratete Töchter aus dem Adel, und es schien un-
gerecht, ihm diese zu nehmen. Otto versprach daher in einer Urkunde
von 1566 den Ständen, das Kloster zu Obernkirchen, über welches
er allein zu gebieten hatte, während Fischbeck zum Lehngut gehörte,
den Jungfrauen zu bewahren, die Güter nicht an sich zu ziehen,
vielmehr dafür zu sorgen, daß eine tüchtige Aebtissin gewählt würde.

Die so spät erfolgte Reformation und Säkularisation der
Klöster hatte aber im 30jährigen Kriege für die Grafschaft böse
Folgen, weil auf die eingezogenen geistlichen Besitzungen das Resti-
tutions-Edikt von 1629 seine volle Anwendung fand, darnach mußten
allen geistlichen Güter, die nach dem Passauer Vertrage von 1552
evangelisch geworden waren, der römischen Kirche zurückgegeben
werden, also auch Rinteln, Obernkirchen und Fischbeck.

Nachdem die Reformation in der Grafschaft zur Thatsache
geworden war, widmete sich Otto wiederum dem Kriege. Als spa-
nischer Obrist kämpfte er gegen die Niederländer und errichtete
1566 auf seine Kosten ein Regiment Kavallerie von 1300 Mann.
Das überstieg seine Kräfte und stürzte das Land in eine solche
Schuldenlast, daß sein Nachfolger sich kaum zu retten wußte. Für
die aufgewandten zwei Tonnen Gold bekam er von der spanischen
Regierung keinerlei Entschädigung, daher mußte er das Vergnügen,
einem Despoten gedient zu haben, teuer bezahlen.

Wichtig war für sein Land der Vertrag, welchen er mit
Erich dem Jüngeren von Braunschweig abschloß, darnach gab ihm
dieser das Amt Lauenau zum Lehen, wogegen Otto demselben die
Aemter Bokeloh und Meßmerode zu Lehen übertrug, wofür aber
Erich sich wiederum 1573 verpflichtete, die Stadt Oldendorf, die
Vogtei Lachem und die Vogtei Fischbeck, welche ehemalige Wunstorf'sche
Pfandherrschaften waren, nicht einzuziehen.

Auf diesen vorteilhaften Vertrag hatte Otto durch viele
Dienstleistungen sich Ansprüche erworben; denn für diesen Erich,
der auf einem Plünderungszuge nach Münster selbst die schaumburgischen Lande nicht verschont hatte, übernahm Otto 1568 eine
Reise nach Wien, um den Kaiser Maximilian II. durch Abbitte,
im Namen Erichs, zu versöhnen und die Exekution der wohlver-
dienten Acht zu hintertreiben. Ueberhaupt wurde er von den katholischen Fürsten um so mehr gehaßt, je bekannter der Eifer seiner
Brüder für den Katholizismus war; und bei den Protestanten genoß
er deshalb kein Zutrauen, weil nicht nur seine Brüder, sondern
auch zwei seiner Söhne hohe Würden in der römisch-katholischen

Kirche bekleideten, dazu stand er selbst im Dienste des gefürchtetsten Gegners des Protestantismus. Aus diesen Gründen hatte er weder das Wohlwollen seines Lehnsherrn Philipp von Hessen noch verschonte ihn der unruhige Markgraf Albrecht von Brandenburg-Kulmbach, welcher für die Sache des Protestantismus gegen Karl V. kämpfte. Das schaumburgische Land war vielfach den Erpressungen und Plünderungen dieser rohen Schaaren, die den Fahnen dieses abenteuerlichen Fürsten folgten, ausgesetzt und mußten noch dazu gegen 34,000 Rthlr. bezahlen, bis endlich die Schlacht bei Sievershausen 1553 dem planlosen Herumtreiben des Markgrafen ein Ziel setzte.

Bemerkt wird noch, daß Otto 1569 vom Kaiser Maximilian II. die Münzfreiheit und 1568 ein Diplom erhielt, welches ihm den Titel „Wohlgeboren" zusicherte. Ferner setzte er kurz vor seinem Tode in seinem Testament fest, daß nur immer einer das Land regieren und dazu der fähigste gewählt werden sollte. Auch verpflichtete er seine Nachfolger, nichts weiter vom Lande zu verschenken oder zu veräußern.

Graf Otto starb 1576 zu Bückeburg als er 59 Jahre alt war und wurde in Stadthagen begraben. Von seinen Söhnen aus erster Ehe wurde Hermann 1566 Bischof von Minden, der resignierte aber 1581 auf diese Würde und wollte sich der Regierung bemächtigen, obgleich er vom Vater im Testament ausdrücklich ausgeschlossen war. Da ihm dieses nicht gelang, so mußte er sich auf die Arnsburg zurückziehen, wo er 1592 in dürftigen Verhältnissen starb. Begraben wurde er in Möllenbeck. Sein Bruder Otto starb schon 1572 und wurde in Stadthagen begraben. Dessen Bruder Adolf XII., welcher evangelisch war, folgte dem Vater in der Regierung. Dagegen wurde der andere katholische Bruder Anton 1587 ebenfalls Bischof zu Minden, starb als solcher 1599 zu Petershagen und wurde zu Möllenbeck begraben. Aus zweiter Ehe stammte Marie, welche an den Grafen von Limburg und Brenkhorst verheiratet war; ferner Elisabeth, welche mit dem Grafen Simon von der Lippe verheiratet und dadurch die Mutter der ersten Grafen von Schaumburg-Lippe wurde, wie denn überhaupt dieser Simon von der Lippe der Stammvater aller neuen Linien des Hauses Lippe ist. — Außer diesen beiden Töchtern stammte aus der zweiten Ehe Otto's IV. noch Ernst III., welcher evangelisch und vom Vater eigentlich zum Nachfolger und Regenten bestimmt war. Da aber Ernst beim Tode des Vaters erst 7 Jahr alt war, so übernahm zunächst sein älterer Bruder Adolf die Regierung.

Graf Adolf XII. von (1576) 1582—1601, hatte in Wittenberg studiert und nachdem sich in den Kriegsdiensten unter seinem Vater versucht. Schwere Schulden drückten das Land derart, daß

7*

ein Vergleich mit den Ständen nötig wurde, demzufolge die Räte des Landes eine vormundschaftliche Regierung auf 10 Jahre, also bis 1586, führen sollten. Allein die Unruhen des ältesten Bruders Hermann sowie andere Umstände machten schon 1582 eine Veränderung dieses Vertrags notwendig, so daß Adolf thatsächlich 1582 die Regierung übernahm. Doch trat er schon 1595 seinem Bruder Ernst die Aemter Sachsenhagen, Hagenburg, Bokeloh und Meßmerode mit Vorbehalt der Landeshoheit ab. Als Adolf aber schon 1601 auf dem schaumburgischen Hofe in Minden kinderlos starb und in Stadthagen begraben war, trat Ernst in den vollen Besitz der Regierung und Länder.

Graf Ernst III. von 1601—1622 war wohl einer der bedeutendsten Männer seiner Zeit und vorzüglichsten Regenten aus dem Geschlecht derer von Santersleben, darum ist er aber auch allen Schaumburgern unvergeßlich, er ist ihr Stolz und ihr Liebling. Man weiß nicht, ob man ihn mehr als weisen Gesetzgeber bewundern soll, oder als Ordner der zerrütteten Finanzen, oder als Gründer und Beförderer gemeinnütziger Anstalten, oder endlich als Freund der Wissenschaften und geschmackvollen Kenner der schönen Künste; seine Menschen- und Fürstentugenden sind nach jeder Richtung hin hervorragend. Er wurde am 24. September 1569 auf dem Schlosse zu Bückeburg geboren und unter der Aufsicht seiner gebildeten Mutter von einem geschickten Lehrer erzogen. Magister Vastelabend war sein Lehrer und Hans von Ditfurth sein Führer. Auf der Universität Helmstädt studierte er eifrig die Rechte, war ein Freund der Musik und Dichtkunst und der lateinischen Sprache so mächtig, daß er sie ohne Anstoß sprach und oft Gedichte darin anfertigte. Zu seiner ferneren Ausbildung unternahm er 1589 und 1592 Reisen nach Italien. Nach seiner Rückkehr fand er volle Geistesbeschäftigung am Hofe des hessischen Landgrafen Moritz, der durch seine Gelehrsamkeit und liberalen Ansichten im Gebiete der Theologie berühmt war. Hier lernte Ernst Moritzens Schwester Hedwig, eine Tochter Wilhelms des Weisen, kennen, mit welcher er sich 1597 vermählt. Dann nahm er zunächst seine Residenz in dem von ihm erneuten Schlosse zu Sachsenhagen, bis er nach dem Tode seines älteren Bruders Adolf 1601 in den vollen Besitz der Länder kam, wozu er nach dem väterlichen Testament bestimmt war. Nun konnte er eine weise Thätigkeit überall entfalten. Seine Residenz verlegte er 1601 nach Stadthagen und 1606 nach Bückeburg. Sein klarer Blick suchte nach treuen Ratgebern und guten Freunden, und er hatte das Glück, solche zu finden.

Da er sein Volk in sittlicher und volkswirtschaftlicher Beziehung zu heben suchte, so verbesserte er die Stadtschulen und gründete, wo es die Umstände erlaubten, auch in den Dörfern,

Schulen und bestimmte in der Kirchenordnung von 1614 die Einrichtung derselben genau. Unter den Stadtschulen erfreute sich besonders die zu Stadthagen seit ihrer Erneuerung im Jahre 1571
eines guten Rufes, und er beabsichtigte diese Schule mit einem
Gymnasium zu verbinden, in welchem neben dem Gymnasialunter-
richt auch die Fakultäts-Wissenschaften gelehrt werden sollten. Dieses
Gymnasium wurde 1610 feierlich eingeweiht und infolge seines zahl-
reichen Besuchs schon 1619 in eine Universität umgewandelt. Nachdem
er hierzu 1620 die nötige Bestätigung vom Kaiser Ferdinand II.
erhielt, verlegte er diese neue Universität nach Rinteln, wo sie
am 17. Juli 1621 feierlichst eingeweiht und mit den geistlichen
Einkünften von Rinteln, Obernkirchen und Egestorf dotiert wurde.

Für die Erweiterung und Verschönerung von Bückeburg
war er besonders thätig, hier ließ er das Schloß auf italienische
Weise ausbauen und einrichten, sodann zeigte er in der Erbauung
der dortigen Kirche, des Schulhauses, Rathauses und anderer Gebäuden seinen kunstsinnigen Geschmack.

Im Jahre 1614 erließ er eine zeitgemäße Kirchenordnung
1615 eine Polizei-Ordnung und 1620 eine Amts-Haus- und Tax-
Ordnung. Ebenso regelte er die äußeren Angelegenheiten und die
Finanzen des Landes, denn er verglich sich mit dem Magistrate der
Stadt Hamburg wegen seiner Gerechtsame und Forderungen gegen
die Summe von 32,000 Rthlr., wobei er sich den Besitz des schaumburgischen Hauses in Hamburg und den halben Elbzoll vorbehielt;
ferner machte er mit dem Herzog Ulrich von Braunschweig einen
Vergleich zur Beilegung der Grenzstreitigkeiten und Erneuerung
der Lehen. Seine Finanzverwaltung war musterhaft. Obschon er
einen glänzenden Hofstaat hielt, seine Dienerschaft kostete jährlich
60,000 Rthlr., so war er doch sparsam, weshalb er große Summen
zum Besten des Landes verwenden, reiche Geschenke und bedeutende
Darlehen abgeben konnte. Seinen Kanzler Weihe belohnte er fürst-
lich; 60,000 Rthlr. bestimmte er zur Auszahlung an würdige Staats-
diener und 100,000 Rthlr. zu einem Fond für die Armen. Für
seine Verwandten zahlte er 100,000 Rthlr. Schulden; dem Grafen
Hans Otto überließ er die Herrschaft Gehmen und 10,000 Rthlr.,
sowie dem Grafen Georg Hermann den schaumburgischen Hof zu
Minden. Das Schloß zu Bückeburg kostete über 100,000 Rthlr.,
die Kirche daselbst mit ihrem herrlichen Portal wohl nicht weniger,
denn die in Italien verfertigte Orgel kostete allein 18,000 Rthlr.
Dem Herzog Ulrich von Braunschweig bewilligte er eine Anleihe
von 70,000 und später von 200,000 Rthlr.; dem Landgrafen Moritz
von Hessen eine solche von 100,000 Rthlr.; der Herzogin Elisabeth
zu Braunschweig-Lüneburg gab er eine Dotations-Urkunde über
100,000 Rthlr., wovon er sich jedoch die Zinsen auf Lebenszeit

vorbehielt. Dabei hatte er in wenigen Jahren nicht nur eine be-
trächtliche Summe der ererbten Landesschulen getilgt, sondern auch
das Schloß Vokeloh und andere verpfändeten Güter wurden ein-
gelöst, und dennoch war seine Staatskasse immer gefüllt. Schon
1609 erhob er Bückeburg zu einer Stadt und 1615 auch Rodenberg.
1606 verkaufte er das vom Grafen Erich zu Oldendorf gestiftete
Süsternhaus an die Stadt unter der Bedingung, dies Gebäude zu
einer Schule, zur Wohnung für Lehrer und für arme Witwen und
Waisen einzurichten.

Auf seinen Antrag wurde er 1620 vom Kaiser Ferdinand II.
in den Reichsfürstenstand erhoben. Da er sich nun auch Fürst von
Holstein nennen wollte, so geriet er mit dem König Christian IV.
von Dänemark in einen Krieg, der dem Lande 50,000 Kaisergulden
als Schadenersatz für den Feind kostete. Ernst nannte sich daher:
Fürst des Reichs, Graf zu Holstein, Schaumburg und Sternberg,
Herr zu Gehmen. Er residierte zu Bückeburg.

Nachdem er viele Künstler und Gelehrte in sein Land berufen und die Universität Rinteln reichlich ausgestattet hatte, (zu
seiner Zeit lehrte hier der Professor Josua Stegmann, geb. 1588
und gest. 1632) sah er sein Land in einem blühenden Zustande.
Ueberhaupt gab er durch persönliche Eigenschaften seiner Regierung
einen seltenen Glanz, der leider nicht die aufgehende, sondern die
untergehende Sonne bezeichnete.

Im Privatleben war Ernst ein Freund der Mäßigkeit und
Ordnung. — Während er noch mit der vollständigen Einrichtung
der neuen Universität Rinteln und mit der Erbauung des Mauso-
leums zu Stadthagen beschäftigt war, ereilte ihn schon am 17.
Januar 1622 der Tod in einem Alter von kaum 52 Jahren. Sein
Tod aber war um so mehr zu bedauern, weil gerade jetzt über
Deutschland und darum auch über die Grafschaft die traurigste Zeit
hereinbrach, die überall große und edeldenkende Männer erforderte,
denn schon loderten die Fackeln des gräßlichen 30jährigen Krieges
grausig empor, so daß die Grafschaft in eine doppelte Trauer versetzt wurde; grade an dem Tage, am 21. März 1622, als sein
entseelter Körper in dem noch nicht vollendeten Mausoleum zu
Stadthagen beigesetzt wurde, vereinigte sich das Jammergeschrei der
ausgeplünderten und gemarterten Einwohner der Vogtei Rinteln
und Lachem mit der Trauer des ganzen Landes über den Verlust
seines besten Regenten am Grabe desselben.

Ernst hinterließ keine Kinder; doch seines Vaters Bruder,
Justus II., hatte zu Gehmen eine Nebenlinie gestiftet, auf welche
nun die Regierung der schaumburgischen Länder überging. Die
Söhne dieses Justus waren nämlich Heinrich X., Otto, Justus III.,
Hermann II. und Georg I. Der erstere dieser Söhne, Graf Heinrich

X., erweiterte seine Herrschaft Gehmen durch die Erwerbung der Herr=
schaft Bergen in Nordholland, weshalb sein Sohn sich später Hermann
III. (auch Jobst Hermann), Graf zu Holstein, Schaumburg und Stern=
berg, Herr zu Gehmen und Bergen nannte. Dieser blieb unverheiratet
und war der vorletzte Graf von Schaumburg. — Dagegen hinterließ
Hermann II., welcher der vierte Sohn von Justus II. war und
auf dem schaumburgischen Hofe zu Minden lebte, einen Sohn,
Otto V., der war der letzte schaumburgische Graf. —

Auf Ernst III. folgte also dessen Vetter Graf Hermann III.,
von 1622—1635. Er war 1593 in Gehmen geboren und in der
katholischen Lehre am kölnischen Hofe erzogen, lebte alsdann bei
seiner Mutter in Gehmen in ländlicher Einsamkeit, führte den Haus=
halt, trieb Weinhandel, ackerte, pflügte, fuhr Holz und begleitete
die Frachtwagen. Natürlich war diese Lebensart nicht ohne Einfluß
auf seinen Charakter und seine Regierung. Er war daher ohne
Einsicht und Energie, bekannte sich öffentlich weder zur katholischen
noch zur evangelischen Lehre. Welch ein Unterschied zwischen seinem
Vorgänger und ihm! Welch ein Unglück für die Grafschaft
zur Zeit des 30jährigen Krieges!

Jobst Hermann kam in einem Alter von 29 Jahren am
30. Januar 1622 nach Bückeburg, wo sein Oheim, Graf Hermann
II., für ihn von dem Lande Besitz genommen hatte, wofür er ihm
zu seiner Apanage die Einkünfte der Aemter Sachsenhagen, Lauenau,
Hagenburg, Bokeloh und Meßmerode überließ.

Schrecken und Entsetzen, Not und Elend verbreitete auch
in der Grafschaft der 30jährige Krieg. Schon 1623 fiel Herzog
Christian von Braunschweig in Rinteln und in die Weservogtei
verheerend ein; 1625 zog der König von Dänemark, und darauf
General Tilly, dieser bekannte Barbar, mit seiner ganzen Armee
durch das Land; 1626 lagen die Truppen des bayerischen Generals
Gronsfeld in der Grafschaft, machten dann 1627 und 1628 dem
Obersten Waldoches, und dieser wieder 1629 dem Grafen Gronsfeld
Platz. Vermöge des Restitutionsedikts wurden 1630 die geistlichen
Stifter von den Benediktiner Mönchen in Besitz genommen. Die
Gegend von Fischbeck litt 1631 schwer durch die auf dem Rückzuge
befindlichen Tillyschen Truppen, und 1632 zog der gefürchtete
Pappenheim über die Weser ins Amt Schaumburg. Besonders
wichtig aber war das Jahr 1633. Da die Grafschaft einer=
seits zu schwach war, um entscheidend auftreten oder auch nur eine
erträgliche Behandlung sich erzwingen zu können, andererseits aber
reich genug, um die Habsucht beider Parteien zu reizen; da sie
ferner zwischen den beiden wichtigen Weserfestungen Minden und
Hameln lag, um deren Besitz die kriegführenden Mächte stritten,

so war es natürlich, daß in dieser Zeit die Not und das Elend des Landes sich steigerten und die Verwüstung der Städte und Dörfer sowie der Ruin der Stifter den höchsten Grad erreichte.

Um diese Zeit war überhaupt Westfalen vorzugsweise der Schauplatz der kriegerischen Thätigkeit und die kaiserlichen Heere waren fast überall im Vorteil, nicht nur hatten sie Minden und Hameln, sondern auch fast alle übrigen festen Plätze, Hildesheim, Wolfenbüttel, Nienburg, Münster, Osnabrück, das lippische Land und fast ganz Westfalen im Besitz. Dem Kriegsplane der Protestanten gemäß sollten diese Kreise von Südosten durch den Landgrafen Wilhelm von Hessen und von Osten durch den Herzog Georg von Braunschweig gesäubert werden. Letzterer durchzog demgemäß die Herzogtümer Braunschweig, Lüneburg, das Bistum Verden, ging in Bremen über die Weser, drang westwärts bis Meppen und rückte nun im schnellen Siegesmarsche südwärts bis Rinteln vor, um sich hier den Uebergang über die Weser zu sichern. Der unter ihm kommandierende schwedische Feldmarschall Knyphausen traf mit seinem Vortrabe am 26. Februar 1633 in Rinteln ein. — Der Stadt gegenüber, also am rechten Weserufer, hatte der kaiserliche General Graf von Gronsfeld, welcher das Oberkommando in Westfalen führte, eine ziemlich feste, durch eine Ziegelei gedeckte Stellung eingenommen, von wo aus er die Bemühungen Knyphausens, eine Schiffbrücke zu schlagen, mit Erfolg durch seine Geschütze vereiteln konnte. Als aber auch Georg mit dem Hauptheere heranrückte, da zog Gronsfeld nach Minden zurück, ließ aber bei Rinteln eine starke Abteilung Kavallerie und Infanterie zurück.*)

Hier den Feind zu vertreiben, war zunächst die Aufgabe des Herzogs. Zu diesem Zwecke ging er mit Hülfe eines Bauern, welcher oberhalb Rinteln beim Reelhof in der Weser eine Furt durch Pfähle abgesteckt hatte, in der Nacht vom 1. auf den 2. März mit seinen Truppen durch die Weser, griff den Feind in der Flanke an, so daß dieser teils nach Minden, teils nach Hameln flüchtete. Letzteren verfolgte Georg so schnell, daß er noch am Abend desselben Tages in Oldendorf einrückte und hier die ganze Bagage des Feindes erbeutete. In Oldendorf blieb er bis zum 14. März, dann begann er mit der Belagerung von Hameln.

Inzwischen war man auf katholischer Seite eifrig bemüht, die Niederlage bei Rinteln wieder auszumerzen und dem hartbedrängten Hameln ein Ersatzheer zuzuführen; der General-Wachtmeister Benninghausen sammelte daher mit Hülfe des Bischofs von Osnabrück neue Truppen und der päpstliche General Graf Merode errichtete mit Hülfe des Erzbischofs von Köln ein Hülfskorps von

---

*) Wir folgen hier den klaren Angaben des Dr. A. Wehrhahn.

etwa 4000 Mann. Beiden wurde der hessische General Melander entgegengeschickt, um ihre Vereinigung zu hindern. Als aber diese dennoch gelang und auch Gronsfeld mit noch mindestens 4000 Mann zu ihnen stieß, so daß das feindliche Heer über 14,000 Mann zählte, zog sich Melander nach Hameln hin zurück, wo er am 27. Juni mit seinen Truppen anlangte. Sofort berief Herzog Georg einen Kriegsrat, welcher sich einstimmig dahin aussprach, daß der anrückende Feind in einer offenen Feldschlacht zu bekämpfen sei. — Da sicher anzunehmen war, daß der Feind am rechten Weserufer seinen Anmarsch von Minden auf Hameln zu nehmen würde, so mußten die eben zurückgekehrten Truppen, besonders Knyphausen mit seiner Kavallerie, sofort wieder das Lager verlassen, um in einer ausgesuchten Schlachtlinie bei Oldendorf Stellung zu nehmen und letzteres selbst zu besetzen. In der That rückte auch Merode auf der dem Gronsfeld durch seine Streifpartien wohlbekannten Straße über Bückeburg und Oldendorf vor.

Am 27. Juni Morgens hielt er über das für die damalige Zeit nicht unbedeutende Heer von 14—15,000 Mann bei der Arns= burg Musterung und lagerte in der folgenden Nacht zwischen Welsede und Rohden, während Gronsfeld westwärts unter der Schaumburg kampierte. Die Avantgarde des letzten machte schon am Abend desselben Tages (27.) keine angenehme Bekanntschaft mit den Schwe= den, indem sie das von diesen besetzte Oldendorf viermal vergebens bestürmte, sich daher unverrichteter Sache in das Gronsfeld'sche Lager zurückziehen mußte.

Am nächsten Morgen (28. Juni) standen die evangelischen Truppen unter dem Oberfehl des Herzogs Georg in einer von ihm bestimmten Schlachtlinie von Oldendorf über Segelhorst bis aus Gebirge kampfbereit, sie begrenzten also die östliche Seite des Schlachtfeldes, während die katholischen Truppen von Westen her unter dem Oberbefehl von Graf Merode und Gronsfeld zwischen Welsede und Rohden Aufstellung genommen hatten.

Die Aufstellung wie die Aktion der katholischen Truppen konnte schon deshalb keine vorteilhafte sein, weil hier Merode und Gronsfeld unabhängig von einander kommandierten, unter ihnen dann noch Benninghausen und Oberst François von Merode, ein Vetter des Generals. Dagegen war bei den Evangelischen die Ober= leitung des Herzogs Georg maßgebend, unter ihm kommandierten der schwedische Marschall Knyphausen, der hessische General Melander, Ragge und Stalhanske. Die Streitkräfte mochten auf beiden Seiten gleich sein, indem jede Armee etwa 15,000 Mann zählte. Das war für die damalige Zeit eine bedeutende Macht. Sobald Herzog Georg den Vormarsch der Kaiserlichen bemerkte, sandte er zum Generalmajor v. Uslar nach Hameln, welcher zur Beobachtung dieser Festung zurückgelassen war, sofort die Belagerungswerke zu verlassen und mit seinen Truppen in die Schlachtlinie einzurücken, wo derselbe auch gegen 11 Uhr Morgens anlangte, die Schlacht hatte nämlich schon um 9 Uhr infolge eines Geplänkels begonnen. Das Gefecht wurde bald sehr heiß, denn auf beiden Seiten kämpfte man mit großer Erbitterung. Melander eröffnete mit seinen Geschützen ein mörderisches Feuer, gegen welches andererseits Benninghausen wiederholt Kavallerie-Attacken ausführen ließ. Doch die Evangelischen rückten unaufhaltsam unter Melander und Stalhanske gegen Segelhorst vor. Dadurch gerieten besonders die vordringenden Hessen in Gefahr, von dem auf der Totenbreite aufgestellten rechten Flügel der kaiserlichen Kavallerie unter François von Merode in ihrer linken Flanke und im Rücken angegriffen zu werden. Herzog Georg erkannte sofort die Gefahr, und als er im Begriff war, zu untersuchen, wie der Feind hier bei den vorhandenen Terrainschwierigkeiten zu vertreiben sei, erbot sich der Rittmeister Curt Meyer, welcher früher in Segelhorst als Schäferknecht gedient hatte, und deshalb die Gegend sehr genau kannte, die schwedische Kavallerie von Oldendorf aus durch Hohlwege auf die Totenbreite zu führen. Georg sandte denselben an Knyphausen mit dem Befehle, die Umgehung zu versuchen. Nur unter den größten Schwierigkeiten konnte die schwedische Kavallerie auf diesen Wegen vordringen, die Reiter mußten absteigen und die Pferde einzeln hinter einander am Zügel führen.

Die kaiserliche Reiterei beobachtete indessen von ihrem Standpunkte aus die Entwickelung der Schlacht zwischen Segelhorst und Barksen mit großem Interesse, um im günstigsten Momente plötzlich in die Reihen der Evangelischen verheerend einzubrechen. Da aber erscheint Knyphausen mit seiner Kavallerie am Rande des Waldes und stürmt sofort mit wildem Ungestüm auf die Kaiserlichen ein. Erschreckt fliehen diese an Segelhorst vorbei nach Welsede. Zu gleicher Zeit war auch der Widerstand Benninghausens vor Segelhorst gebrochen; Melander und Stalhanske stürmten dasselbe, und letzterer wurde in dem Augenblicke durch die Achsel geschossen, als er im Begriff war, Merode selbst gefangen zu nehmen. Die kaiserliche Armee wurde nun überall zurückgedrängt oder niedergehauen, so daß um 2 Uhr der völlige Sieg für die Evangelischen entschieden war. Letztere verloren 60 Tote und 180 Verwundete, dagegen die Kaiserlichen aber 6572 Mann an Toten, über 3000 Gefangene, 49 Fahnen und 15 Geschütze. Unter der Masse des erbeuteten Gepäcks befanden sich eine solche Menge von Gold und Silbersachen, daß sechs Maulesel damit beladen wurden. Auch die vollständige Kanzlei der Generale Merode und Benninghausen wurde genommen. Merode war so schwer verwundet, daß er einige Tage

nachher in Minden starb. Seine Frau und noch viele andere unverheiratete Frauenzimmer wie auch eine Anzahl Domherrn befanden
sich unter den Gefangenen. Benninghausen und Gronsfeld flohen
nach Minden, wobei letzterer sogar Hut und Degen verlor. Die
zersprengten kaiserlichen Soldaten wurden auf ihrer Flucht vielfach
von den ergrimmten Bauern niedergehauen.

An der Seite Knyphausens kämpfte ein natürlicher Sohn
Gustav Adolfs, welcher Gustav Gustavson hieß und ein tapferer
junger Mann war, den die schwedischen Soldaten wegen seiner
Aehnlichkeit mit Gustav Adolf sehr gern hatten. Er war der einzige
im Hauptquartier Georgs, der die erbeuteten, in französischer Sprache
geschriebenen Papiere Gronsfelds übersetzen konnte.

Die Folgen dieses unerwarteten Sieges verbreiteten sich
bald über das nördliche Deutschland, vernichteten die harten Maß-
regeln des Restitutionsedikts, befreiten den evangelischen Gottesdienst
und die Städte Hameln, Minden wie alle übrigen festen Plätze von
einer fast unerträglichen kaiserlichen Besatzung. Es ist daher schwer
zu verstehen, daß diese Schlacht, die doch für das ganze nördliche
Deutschland von großer Bedeutung war, kaum in der allgemeinen
Geschichte erwähnt wird.

Besonders groß war der Jubel ob dieses Sieges im
Weserthal, wie solches aus den noch jetzt erhaltenen Dank- und
Jubelpredigten erhellt, weil hier die Bedrückung und Verfolgung
der Päpstlichen am härtesten war. Merkwürdig aber ist es, daß
hier im Weserthal auf den Gefilden des Paschenberges zum dritten-
male heiß gestritten wurde um deutsches Wesen und deutschen
Glauben gegen römische Anmaßung und Herrschsucht.

Zwar war die Grafschaft augenblicklich von kaiserlichen Be-
satzungen befreit, doch die Kontributionen und Lieferungen an die
Evangelischen dauerten fort. Graf Jobst Hermann ging deshalb
zum Herzog Georg nach Hameln, um Schonung für sein Land aus-
zuwirken. Auf seiner Rückreise wurde er bei der Arnsburg von
kaiserlichen Reitern gefangen genommen, nach Minden geführt und
genötigt, 100 Mann kaiserliche Besatzung in sein Land aufzunehmen.
Diese Besatzung konnte erst 1634 durch eine förmliche Belagerung
vertrieben werden. An ihre Stelle aber rückten schwedische Truppen
ein, nachdem am 10. November auch Minden erobert war. Wie
1634 so dauerten auch 1635 die verheerenden Durchzüge der Truppen
fort, und als durch die rohe Willkür der schwedischen Truppen
das Elend in der Grafschaft einen hohen Grad erreicht hatte, da starb
Graf Jobst Hermann am 5. November 1635. Er war unverheiratet und erst 41 Jahre alt. Niemand trauerte um ihn, denn
er war weder ein tapferer Krieger noch weiser Regent, er bekannte

sich, wie schon bemerkt, öffentlich weder zur katholischen noch zur lutherischen Kirche.

Ihm folgte sein Vetter Graf Otto V., von 1635—1640, der ein Sohn Hermanns II. und ein Enkel Justus II. war. Zu seiner Ausbildung hatte er sich zwei Jahre in Paris und zwei Jahre in den Niederlanden aufgehalten. Von hier aus traf er am 31. Dezember 1635 im Alter von 22 Jahren in Bückeburg ein, um ein verwüstetes Land in Besitz zu nehmen, in welchem grade sieben kaiserliche Regimenter in und um Rinteln den Uebergang über die Weser erzwingen wollten, während die Truppen des Herzogs Georg dies zu verhindern suchten.

Durch die unglückliche Schlacht bei Nördlingen im Jahre 1634 hatte nämlich die katholische Partei wieder die Oberhand ge= wonnen, und da sie wiederum im Besitz von Hameln war, die Schweden dagegen Minden behaupteten, so war die Grafschaft abermals in der unglücklichen Lage, am meisten von Freund und Feind bedrängt und ausgesogen zu werden. Am härtesten verfuhr darin der Herzog Georg von Braunschweig=Lüneburg, der vor 3 Jahren die Kaiserlichen bei Oldendorf geschlagen hatte. Auch er war dem Beispiele des Kurfürsten von Sachsen gefolgt, indem er dem Prager Frieden von 1635 beitrat, sich und seine Truppen zur Verfügung des Kaisers stellte und darum den Schweden nun feindselig gegenüber stand. Und weil er dem jungen Grafen, wie dessen Vorgänger, das Amt Lauenau entzog, dieser aber dagegen Klage beim Reichs=Kammergericht einreichte, so überschwemmte er, unter dem Vorwande, Minden zu blokieren, die Grafschaft mit einem starken Korps von 8 Kompagnien Infanterie und 13 Kompagnien Kavallerie, rückte in Bückeburg ein, ließ alles, was an Vieh und Getreide vorhanden war, zusammenbringen, verschonte selbst die Wohnungen der Landbewohner nicht und hinterließ überall Spuren einer schrecklichen Verheerung.

Diese nutzlose und grausame Behandlung vom 20. September bis zum 24. Oktober 1636 war für die Grafschaft der härteste Schlag während der Dauer des ganzen Krieges, denn die unglück= lichen Bewohner sahen sich aller Lebensmittel beraubt, wohnten in halbzerstörten Wohnungen, waren demnach dem Hunger und der Kälte eines harten Winters ausgesetzt und fanden keine Aussicht, den Acker zu bestellen und sich vor dem furchtbarsten Elend zu schützen. Es war daher natürlich, daß außer der schrecklichsten Not noch eine verheerende Pest folgte, welche so arg wütete, daß im Winter von 1636/37 die Sterblichkeit den höchsten Grad erreichte. In Rinteln starb z. B. der Rektor der Stadtschule nebst 80 Schülern. Wer fliehen konnte, der floh; auch Graf Otto hielt sich in Gehmen auf. Und als er im März des folgenden Jahres nach Bückeburg zurückkehren wollte, wurde er von einem kaiserlichen Streifkorps gefangen genommen, nach Soest und von da nach Lemgo gebracht und, um eine Kontribution zu erpressen, in engem Gehorsam gehalten, aus welchem er erst am 29. April entlassen wurde.

Weil nun Minden fortwährend der Sammelplatz der schwedischen Truppen blieb, so wurde das schaumburgische Land auch in den Jahren 1637, 1638 und 1639 von schwedischen, hessischen, pfälzischen, limburgischen und kaiserlichen Truppen durchzogen und mit Lieferungen und Kontributionen hart bedrückt. Im Jahre 1640 verlegte der schwedische General Bauer seine Hauptquartier nach Bückeburg, wo ferner am 15. Oktober die schwedischen Feldherrn Torstensohn, Wrangel und Königsmark ebenfalls eintrafen. Als Bauer am 28. Oktober nach Hildesheim zog, folgte ihm Graf Otto, welcher auch dem berüchtigten Gastmahl beiwohnte, infolge dessen er am 7. November krank zurück kam und am 15. November im Alter von 27 Jahren starb. Da mehrere Gäste, z. B. auch Prinz Christian von Hessen, starben, andere erkrankten, — Herzog Georg und General Bauer kränkelten bis zum folgenden Frühjahr und starben dann gleichfalls, — so hat man wohl nicht mit Unrecht auf vergifteten Wein geschlossen, der von den Händen der Jesuiten gemischt wurde.

Otto wurde nebst seinem Vorgänger im Mausoleum zu Stadthagen begraben.

Mit Otto starb der letzte Sprößling eines Regentenstammes aus, der über 600 Jahre geblüht hatte. Die Wurzeln dieses kräftigen, deutschen Stammes standen in einem lieblichen Weserthale, seine starken Aeste reichten an die Nord- und Ostsee, ja sogar bis über die Eider hinaus. Unter dem schützenden Schatten dieses Baumes war das stolze Lübeck erwachsen und das mächtige Hamburg zu jugendlicher Kraft gelangt, Schleswig-Holstein hatte deutsche Kultur erhalten und die christliche Kirche sich manches ehrwürdige Heiligtum erbaut. Nachdem die nordischen Zweige dieses Stammes zuerst abgestorben waren und der Stamm an der Weser noch längere Zeit kräftig fortgeblüht hatte, erreichte nach fast 200 Jahren auch diesen das Schicksal des Erlöschens und zwar zu der Zeit, als der schrecklichste aller Kriege die deutschen Länder verwüstete und zerstückelte. Unsere Grafschaft war somit verwaist.

Indes nicht völlig sollte dieses denkwürdige Geschlecht erlöschen, denn in der weiblichen Linie wurde es durch Elisabeth, einer Schwester des unvergeßlichen Grafen Ernst, erhalten. Da sie die Gemahlin des Grafen Simon von der Lippe und Mutter des ersten Grafen von Lippe-Schaumburg (Bückeburg) war, so lebt das edle Haus von Santersleben in weiblicher Linie noch heute in dem Fürstenhause Lippe-Schaumburg fort.

Rückblick beim Erlöschen des Hauses Sautersleben.

Bevor wir über das fernere Schicksal unserer Grafschaft berichten, wollen wir auf den Kulturzustand derselben seit der Reformation einen Rückblick werfen.

Leider hatte der seit Jahrhunderten gepflegte Aberglaube, besonders der Hexenglaube mit seinen aus dem 15. Jahrhundert stammenden Hexenprozessen, nicht allein bei den Katholiken, sondern auch bei den Evangelischen zu tiefe Wurzel gefaßt, als daß das Licht der Reformation und die Klarheit der Vernunft nach jeder Richtung hin im Volke fortschreitend zum Durchbruch kommen konnte, man glaubte daher an Wunder und allerlei Ungeheuerlichkeiten. Dazu wurde selbst von den evangelischen Theologen ein wahrer Teufelskultus in Szene gesetzt, überall witterte man den leibhaftigen Satanas. Gewiß giebt es einen solchen, denn das sind schon alle diejenigen, welche in Schafskleidern einhergehen, inwendig aber reißende Wölfe sind; die keine Ahnung von Charakter und Menschenwürde haben und nicht wissen, was Gellert so schön „der Schöpfung Ruhm und Preis" nennt. Dies niedrige, heuchlerische, elende und heimtückische Geschmeiß unter den Menschen, diese gleißnerischen Jesuiten in Manchetten gehören zu den unzähligen, leibhaftigen Teufeln.

Ist darum heute die Charakterlosigkeit das größte Uebel unserer Zeit, so war solches zur Zeit der Reformation die Dummheit, denn was man im concret Gegebenen nicht sah, das suchte man in abstrakten Phantasiegebilden. Ueberall sah man den leibhaftigen „Gott sei bei uns", bald in dieser, bald in jener Gestalt; überall hatte er seine Hand unmittelbar im Spiel. Gab es irgendwo ein Unglück oder einen Verlust, so hatte das ein bestimmter Mensch verschuldet, der zweifellos vom Teufel besessen (behext) war. Und für diese Teufel wurden die Scheiterhaufen errichtet.

Das Verbrennen der Hexen kam in der Grafschaft besonders in der 2. Hälfte des 16. Jahrhunderts derart in Aufnahme, daß im Jahre 1587 die schaumburgischen Vasallen, die Landsberge, Münchhausen ꝛc. sich beim Landesherrn beschwerten, weil ihren Leuten als eine Neuerung die Holzfuhren zum Hexenverbrennen aufgedrungen wurden. Graf Adolf aber wies ihre Beschwerde mit dem Bemerken zurück, daß das ein Stück der Landfolge sei, wovon keiner ausgeschlossen werden könne. Hieraus geht hervor, wie zahlreich die Opfer schon in der Grafschaft waren, welche man diesem entsetzlichen Aberglauben brachte.

Noch schrecklicher aber brach dieser grauenvolle Wahn um

1632 aus, als die rohen Kriegsschaaren so manche abenteuerliche
Teufelserscheinungen und Teufelsbeschwörungen im Volke verbreitet
hatten. Den noch vorhandenen Akten zufolge gefiel es dem „weisen
und fürsichtigen" Bürgermeister und Rat der Stadt Rinteln, im
Jahre 1632 vier unglückliche, arme, alte Weiber verbrennen zu
lassen. Und von dieser Zeit an wiederholt sich dieses entsetzliche
Schauspiel so oft, daß uns noch heute Grauen und Entsetzen ergreift, wenn wir daran denken.

Der Wahn, es sei Pflicht der Obrigkeit, Stadt und Land
von den verderblichen Hexen zu befreien, erstickte natürlich jedes
menschliche Gefühl, beförderte die Roheit und den Stumpfsinn.
Am traurigsten dabei war es, daß man in den unaussprechlichen
Martern unschuldiger Mitbürgerinnen eine Veranlassung fand, Gott
zu danken. Welche tiefe, jammervolle Verirrung!

Wie entsetzlich die Wut gegen die Hexen nach dem Kriege
ausbrach, beweist eine Nachricht aus dem Kirchenbuche zu Obernkirchen, worin es heißt: „1659 den 11. November ist der Anfang
gemacht mit dem Brennen der Hexen zur Arensburg, und sind 20
Personen aus Obernkirchen gerichtet worden." — Also 20 Personen
aus einem damals so unbedeutenden, dorfähnlichen Städtchen; und
damit ist der Anfang gemacht!

Die Theologen wetteiferten mit den Juristen in den Verfolgung der Hexen. Wahrlich, diese evangelisch-lutherischen Auto da
fés übertreffen die berüchtigten spanischen. Und das war um so
entsetzlicher, weil das innerhalb der von Luther gereinigten Kirche
geschah.

In den Jahren 1653 bis 1660 war in Rinteln, dem Sitze
einer Universität! kein altes Mütterchen seines Lebens sicher; denn
starb etwa die Kuh des Nachbars oder gar ein Kind, so wurde
diese oder jene Person genannt, welche die Kuh bezw. das Kind
behext hatte. Sogleich trat der peinliche Ankläger auf, und der
„weise und fürsichtige Stadtrat" vollzog sein grauenvolles Amt.
Rettung war unmöglich. Widerstand die Unglückliche allen Martern
der Tortur, so war es der Teufel selber, der sie stärkte, und der
Tot durchs Feuer war dann ihre sichere Strafe; unterlag sie aber
den Schmerzen und bekannte sie, was man wollte, dann war sie durch
das eigene Geständnis überwiesen.

Jede Verurteilung hatte übrigens noch weitere Verurteilungen
zur Folge, denn wenn die vermeintliche Hexe, meistens beim dritten
Grade der Tortur, ihre Mitschuldigen nennen mußte, oder alle die,
welche sie beim Hexentanze auf dem Luhdener Berge gesehen hatte,
dann nannte die Gequälte jeden ihr beliebigen Namen. Bezeichnete
dieser einen achtbaren Mann, der vielleicht Mitglied des „weisen
und fürsichtigen Stadtrats" war, so begnügte sich der Protokoll-

führer ein N. N. hinzuschreiben; bezeichnete er dagegen eine schon halb anrüchige Person, so wurde diese zum künftigen Schauspiel aufbewahrt.

Auf diese Weise füllten sich natürlich die Gefängnisse der Stadt und der Schaumburg, und schauerlich ertönten ihre Räume von den Wehklagen der Unglücklichen. Selbst Kinder von 9 bis 11 Jahren wurden eingezogen und mißhandelt.

Das sind nun Thatsachen in einem Lande, welches sich des Lichts der gereinigten Lehre erfreute, denn die Prozeßakten jener Zeit bestätigen das. Gewiß sind diese evangelischen Teufelsbeschwörer ebenso schändlich wie jene päpstlichen Ketzerrichter, und diese Verirrungen bleiben für die evangelische Kirche ewig ein dunkler Schandfleck. Um so mehr muß heute bange Trauer unsere Brust erfüllen, wenn wir sehen, wie neuerdings dieser Teufelskultus auf Kanzeln und Lehrstühlen wieder gefördert wird.

Gerät aber der religiöse Glaube auf solche Irr- und Abwege, so ist in der That die menschliche Gesellschaft gefährdet, denn ein solch blinder Glaube handelt ja „zur Ehre Gottes". Auch die damaligen Prediger zu Rinteln, Wilhelmi und Rottmann, welche jene Unglücklichen moralisch torquierten; ferner jene klägliche Juristenfakultät der Ernestina, welche gegen drei Thaler Sporteln das Totesurteil bestätigte, handelten ihrem Glauben gemäß recht und christlich, weil der Teufelsspuk ihren Geist völlig umnachtet hatte.

Unter diesen Jammerszenen war es erfreulich, daß in dieser düsteren Zeit ein Mann voll Geist und Kraft seine warnende Stimme gegen solch schwere und bedenkliche Verirrungen nachdrucksvoll erhob, ja es erscheint dies um so beschämender für den Protestantismus und als eine Ironie des Schicksals, daß dieser edle Menschenfreund nicht ein Professor, nicht ein evangelischer Theologe, sondern ein Jesuit war. Dieser Mann hieß Friedrich Spec, war Presbyter des Jesuitenordens und 1591 zu Kaiserswerth geboren. Derselbe gab in Rinteln 1613 sein berühmtes Werk: cautio criminalis contra sagas heraus, welches mehrfach aufgelegt den Sieg der Vernunft und Menschheit beförderte. Aber nicht nur durch seine Schrift, sondern auch durch seine Predigten kämpfte Pater Spee gegen diese entsetzlichen Verirrungen seiner Zeit.

Seine Stimme der Vernunft und Warnung fand im Kölnischen und Paderbornischen Gehör, nicht aber in der evangelischen Grafschaft Schaumburg, denn weder der „weise und fürsichtige Stadtrat" von Rinteln noch die übrigen richterlichen Beamten unserer Grafschaft, welche sich gleichwohl durch den Besitz der gereinigten Lehre sogar der Aufklärung rühmten, achteten auf die helle Stimme

jenes Jesuiten; vielleicht hielt man ihn ebenfalls für einen Ge=
nossen des Teufels.

Dieser Hexenspuk hat wohl in unserer Grafschaft mit am
längsten gedauert, denn hier in Rinteln wurde, wenn wir nicht
irren, noch im Jahre 1726 ein Fräulein L. als Hexe verurteilt.
Erst Friedrich der Große war es, der im Geiste Luthers
für die unveräußerlichen Rechte der Menschheit eintrat, der die
allgemeine Bildung des Volkes wollte und deshalb überall Volksschulen
gründete. Durch sein unvergleichliches Genie wurde für den ganzen
Erdball ein neues Zeitalter angebahnt, nämlich das der weiteren
Aufklärung.

Und wenn man es nach ihm versuchte und noch versucht,
die früheren Zeiten zurückzurufen, so zeigt uns die Geschichte wie=
derholt, daß solches vergebliche und thörichte Mühe ist. Zwar kann
man den mächtigen Strom der Menschengeschichte wohl eindämmen,
aber ihn aufzuhalten, ist keiner irdischen Macht möglich. Noch jeder,
der dieses im thörichten Wahn versuchte, wurde von dieser unwider=
stehlichen Macht verschlungen. Eben darin liegt auch die Hoffnung
für unsere Zeit und deshalb ist und bleibt die Geschichte der Schlüssel
für die Zukunft. Der Weg zum Verständnis der Gegenwart führt
nur durch die Vergangenheit, durch die Geschichte.

Teilung der Grafschaft Schaumburg.

Als 1640 der letzte Graf aus dem Holstein=Schaumburgischen
Hause so jugendlich und plötzlich starb, lebte Hedwig noch, die
Witwe des Fürsten Ernst, welche in Stadthagen wohnte und
auf einige Einkünfte aus dem Amt Stadthagen wie auch aus den
holsteinschen Besitzungen angewiesen war. Sie nahm im Auftrage
der Landgräfin Amalie Elisabeth für Hessen von denjenigen
Ländern der Grafschaft Besitz, welche seit 1518 hessisches Lehen
waren. —

Andererseits war es die Gräfin Elisabeth, die Mutter des
letzten Grafen Otto, eine geborene Gräfin von Lippe, welche als
Intestat=Erbin des Sohnes ihre Rechte auf die Erbgrafschaft geltend
machte und deshalb davon Besitz nehmen ließ. Sogar wegen der
holsteinischen Besitzungen, wozu die Grafschaft Pinneberg mit Pinne=
berg, Altona, Uetersen, Barmstedt, Elmenhorn, der Hamburger Hof

und einige Häuser in dieser Stadt gehörten, trat sie mit dem König Christian IV. von Dänemark in Unterhandlung, weil dieser als Herzog von Holstein diese Länder bereits in Besitz genommen hatte. Nach dem hierauf bezüglichen Vergleich zu Flensburg vom Jahre 1641 erhielt sie als Entschädigung die Summe von 145,000 Rthlr., das Archiv ausgeliefert und das Wittum der Fürstin Hedwig jähr= lich mit 3500 Rthlr. bis zum Tode derselben ausbezahlt; außerdem blieb ihr noch das Recht, in Zeiten der Gefahr den schaumburgischen Hof in Hamburg bewohnen zu dürfen.

Durch diesen Vergleich wurden demnach die holsteinschen Besitzungen völlig von der Grafschaft Schaumburg getrennt und kamen durch einen besonderen Vertrag zwischen dem König und dem Herzog Friedrich III. von Holstein=Gottorp 1641 nach Verhältnis der übernommenen Landesschulden zu ⅔ an Dänemark und zu ⅓ an letzteres Haus. Dieses verkaufte seine Erwerbungen 1649 an die Grafen von Ranzow. Vom Kaiser Ferdinand III wurden diese Länder zur Reichsgrafschaft erhoben.

Die im Jahre 1377 erkaufte Grafschaft Sternberg war schon durch einen Vergleich von 1585 an Lippe abgetreten.

Die Herrschaft Gehmen, aus welchem Hause die beiden letzten Grafen stammten, fiel an den Grafen Limburg zurück.

Die Besitzung Bergen verkaufte die Gräfin Elisabeth 1641 an einen Holländer.

Das Amt Lauenau sowie das Amt Meßmerode mit Bokeloh nahm der Herzog von Braunschweig=Lüneburg in Besitz; ferner beanspruchte derselbe laut Vertrag von 1573 die Vogteien Fischbeck, Lachem und einen Teil von Oldendorf, wobei nur die Stadt Oldendorf zweifelhaft sein konnte.

Neben allen diesen Bewerbern trat noch das Stift Minden als Lehnsherr auf und machte seine Rechte auf die ganze Graf= schaft geltend. — Sogar der Kaiser beanspruchte als oberster Lehnsherr einige Teile derselben.

Unter diesen Umständen hielt es 1643 die Gräfin Elisabeth für geraten, die ihr erblich zugefallene Grafschaft Schaumburg, unter Vorbehalt der Mitregierung und Nutznießung, durch eine Schenkung ihrem Bruder, dem Grafen Philipp zur Lippe, Herrn von Alverdissen, zu übertragen, um durch denselben am schwedischen Hofe nachdrücklicher handeln zu können. Philipp reiste nach Stockholm und erreichte hier seinen Zweck vollständig; ferner verheiratete er sich 1644 mit der hessischen Prinzessin Sophie, Tochter des Land= grafen Moritz, wodurch eine weitere Vereinbarung erzielt wurde.

Wer indes die unglückliche, traurige Zeit erwägt, in welcher hessische, weimarsche, schwedische, kaiserliche und französische Truppen das Land durchstreiften und schwer bedrückten, der kann sich das

Hangen und Bangen der damaligen Einwohner unserer Grafschaft
lebhaft denken. Und diese ängstliche, unsichere Zeit dauerte volle
8 Jahre. Denn wenn auch schon 1643 der Kaiser Ferdinand III.
eine förmliche Ediktal=Citation an alle diejenigen ergehen ließ,
welche Ansprüche an die Grafschaft zu haben glaubten; wenn auch
die Schweden sich für die Gräfin Elisabeth (Lippe) entschieden und
der Reichshofrat durch ein Dekret von 1645 die Besitzergreifung
durch das Stift Minden bestätigte, wenn also auch von Rechts
wegen die Grafschaft dem Stifte Minden zuerkannt wurde, so sollte
endgültig über deren Schicksal doch erst im westfälischen Frieden
entschieden werden, weil dieses verwaiste Land auf eine bequeme
Weise in die Entschädigungsmasse zu ziehen war.

Diese Situation wohl begreifend und durch enge Familien=
bande außerdem schon vereinigt, verabredeten 1646 die beiden nächsten
Verwandten der ausgestorbenen Grafen von Schaumburg, Lippe
und Hessen, unter sich eine Teilung der Grafschaft zu gleichen
Teilen, was als förmlicher Vertrag 1647 stipuliert wurde.

Nach einer sorgfältigen Ermittelung der Erträge und Be=
rechnung derselben sollten nämlich die Aemter Schaumburg und
Rodenberg mit den Städten Rinteln, Oldendorf, Obernkirchen und
Rodenberg sowie ein Teil des Amtes Sachsenhagen mit dem Ort
gleichen Namens und den Dörfern Auhagen und Düdinghausen an
Hessen fallen; dagegen wurde für Lippe bestimmt das Schloß und
Amt Bückeburg, Schloß und Amt Stadthagen, Haus, Flecken und
Amt Hagenburg, Haus und Amt Arensburg, der andere Teil des
Amtes Sachsenhagen nebst den Oertern Hagenburg und Steinhude.

In diesem Sinne instruierten sie ihre Gesandten und die
waren nach dieser Richtung hin auf dem Friedens=Kongresse äußerst
thätig, weshalb es ihnen auch gelang, daß ihre unter sich abge=
schlossenen Verträge dem Hauptinhalte nach 1648 in dem westfälischen
Friedensinstrument zu Osnabrück (Art. XV. § 3) und in dem
Friedensinstrument zu Münster (§ 50) bestätigt wurde.

So wurde also das alte Erbteil der Herren von Santers=
leben nicht durch Waffengewalt, sondern durch diplomatische Ver=
handlungen geteilt und zwei Fürstenhäusern zugewiesen, von denen
das eine unserer Grafschaft nicht fremd war, sondern ganz nahe
lag, auch durch alte und neue Familienbande und darum durch seine
Abstammung dem erloschenen Mannesstamme am nächsten stand;
das andere lag dagegen der Grafschaft schon räumlich ferner, gehörte
auch einem anderen Stamme an und hatte bislang zur Grafschaft
in fast gar keiner Verbindung gestanden.

Mochte diese Teilung auch durch Verträge festgesetzt sein,
willkürlich muß sie dennoch genannt werden werden, denn ein na=
türlich zusammenhängendes Land, das von jeher von ein und dem=

8*

selben Volksstamm bewohnt wurde, welches viele Jahrhunderte unter ein und demselben Fürstenhause stand, wie eine Waare in zwei Hälften zu trennen und mitten durch dasselbe Grenzpfähle mit den verschiedenen Landesfarben zu setzen, die eine Hälfte sogar einem ferneren Lande zuzuweisen, kann keine natürliche, sondern muß eine willkürliche Trennung genannt werden, und die war nur möglich zu einer Zeit, in der man nach gewohnt war, über Land und Leute wie über eine Waare zu verfügen.

Indes beide Teile waren mit diesem Resultat zufrieden, auch die Bewohner der Grafschaft freuten sich, daß endlich über das Schicksal ihres Landes entschieden sei. Beide Landesherrn hatten nun die große und schwere Aufgabe, die tiefen Wunden des 30jährigen Krieges möglichst rasch zu heilen, worin sie denn auch nach Lage der Verhältnisse damaliger Zeit mit einander wetteiferten.

Graf Philipp von Lippe, Sohn der Gräfin Elisabeth, stiftete im Jahre 1647 die gräflich schaumburg-lippische Linie und wählte Bückeburg zu seiner Residenz; während die Landgräfin Amalie Elisabeth den andern Teil der Grafschaft für ihren Sohn, den Landgrafen Wilhelm VI. von Hessen in Besitz nahm. Rinteln wurde die Hauptstadt dieses hessischen Anteils, und dieser wurde unter dem Namen „Grafschaft Schaumburg" von Kassel aus regiert.

Das Haus Hessen
in der geteilten Grafschaft Schaumburg.

Der 30jährige Krieg hatte zahllose Oerter von der Erde verwischt, nichts als Not und Elend wie eine dünne und verarmte Bevölkerung zurück gelassen. Fremde Völker, Schweden und Franzosen, diktierten auf Deutschlands Kosten den Frieden.

Dieser westfälische Friede sprach denn auch über das „heilige römische Reich deutscher Nation" das politische Totesurteil aus, denn er teilte Deutschland in 570 souveräne Staaten und „Vaterländchen", machte aus Deutschland einen geographischen Begriff und besiegelte für Jahrhunderte des deutschen Reiches Schmach; ferner hatte er für die Staaten und Länder Deutschlands wie auch für die Gemeinden und Rechte der Einzelnen die weitgehendsten Folgen. Wo z. B. der Wald Eigentum der Gemeinden war, da mußte nun der Staat die Erhaltung und Pflege desselben übernehmen, weil die Gemeinden zu arm und auch wohl zu nachläſſig waren. Nicht nur wurde dadurch der Staat Miteigentümer, ſondern er mußte ſeine Rechte zu Gunſten des Ganzen immer weiter auszudehnen, bis er endlich alleiniger Beſitzer wurde. So ging beſonders infolge dieſes Krieges den Gemeinden und Eigentümern manches frühere Beſitztum und Recht verloren. —

In unſerer Grafſchaft ſollte nach 1648 die Regierung und Verwaltung in mancher Beziehung eine gemeinſchaftliche ſein, allein nach der Trennung beginnt doch für beide Teile eine neue und geſonderte Geſchichte, denn die Gemeinſamkeit zeigte ſich ſehr bald als nicht durchführbar. Zunächſt wurde ſchon 1665 die Univerſität Rinteln der alleinigen Verwaltung des Hauſes Heſſen überwieſen, und ſehr bald trat in allen übrigen Zweigen eine völlige Trennung ein. Nur die Kohlenbergwerke der Grafſchaft verblieben bis auf den heutigen Tag der gemeinſchaftlichen Verwaltung.

Die lutheriſche Kirchenlehre und Religionsverfaſſung, wie ſie in der vom Fürſten Ernſt herausgegebenen Kirchenordnung ſtand, war für die ganze Grafſchaft maßgebend. Da aber das Haus Heſſen ſich zur reformierten Kirche bekannte, ſo war es natürlich, daß die aus Heſſen nach der Grafſchaft verſetzten Beamten ebenfalls meiſtens reformiert waren. Deshalb wie auch namentlich durch das nach Rinteln verlegte Militär wurde es ein Bedürfnis, auch in der Grafſchaft für die Pflege des reformierten Kultus zu ſorgen. Aus dieſem Grunde ſtiftete die Landgräfin Hedwig Sophie, als Vormünderin ihres Sohnes, 1656 die reformierte Kirche zu Rinteln. Dieſer reformierten und Garniſon-Gemeinde in Rinteln wurde die daſige Kollegien-Kirche (die Kirche des Jakobskloſters) eingeräumt und zwei Pfarrer für dieſelbe angeſtellt. Die beiden Prediger dieſer Gemeinde hatten die Obliegenheiten der kleinen Gemeinden zu Rodenberg, Obernkirchen und Oldendorf ebenfalls wahrzunehmen.

Dieſelbe Landgräfin gründete 1668 Heſſendorf, weshalb in dem nahen Möllenbeck eine reformierte Pfarrei geſtiftet wurde. Ebenſo hat dieſe Fürſtin die Stadt Rinteln 1665 mit Wällen, Gräben und Bollwerken umgeben, welche Befeſtigung 1668 vollendet wurde. Freilich muß dieſe Stadt ſchon vor 1434 eine Feſtung geweſen ſein, denn in dieſem Jahre belagerte ſie Graf Johannes von Spiegelberg, ferner „beſtieg ſie 1623 Herzog Chriſtian von Braunſchweig und ließ übel darin hauſen", auch hat ſie der ſchwediſche General von Knyphauſen 1633 eingenommen und Landgraf Wilhelm VI. hat 1661 angefangen, ſie mehr zu befeſtigen, welches Werk ſeine Witwe Hedwig Sophie 1668 vollendete. Von da an wurden die Feſtungswerke ſorgfältig unterhalten und 1762 erneuert und erweitert. —

Obernkirchen ist mehrmals abgebrannt und hat sonderlich im 30jährigen Kriege viel gelitten. Das ehemalige Benediktiner=Kloster soll vom Kaiser Ludwig I. im Jahre 815 gestiftet und das erste zwischen Weser und Leine gewesen sein. Die Erbauung desselben wird einer Jungfrau von Kölln und Gräfin Merwieda zugeschrieben. Es wurde, wie schon bemerkt, 936 von den Hunnen gänzlich zer= stört, ist mehrfach abgebrannt, wurde aber stets wieder aufgebaut. Jetzt ist es ein adeliges Fräuleinstift evangelischer Religion. Die dazu gehörende Probstei wurde von dem Grafen Otto VI. 1565 mit allem Zubehör davon genommen und säkularisiert.

Unweit Obernkirchen lag ehemals die sogenannte alte Bücke= burg, welche wahrscheinlich der Hauptort im Buckigau war, dessen schon zur Zeit Karls d. Gr. erwähnt wird. Auch scheint die Stadt Bückeburg hiernach benannt zu sein. Noch jetzt befinden sich in dieser Gegend die vorzüglichen Steinkohlengruben und die vortreff= lichen Steinbrüche. Außerdem besitzt Obernkirchen großartige Glas= fabriken und einen lebhaften Verkehr.

Oldendorf, ein mit verfallenen Gräben und Mauern um= gebenes Städtchen, muß ehemals hart an der Weser gelegen haben und größer als heute gewesen sein. Hier begann namentlich die Reformation der Grafschaft. Aus dem noch 1630 vorhandenen Gymnasium wurde später eine Volksschule. In der Nähe von Oldendorf waren die 3 Schlachten: 16, 782 und 1633. Auch 1639 wurde diese Stadt von den Kaiserlichen geplündert und 1757, nach der Schlacht bei Hastenbeck wie 1759 nach der Schlacht bei Minden von den Franzosen arg mitgenommen.

In Rodenberg sollen die Grafen von Schaumburg vor 1030 als Herren von Santersleben ihren Sitz gehabt haben. Das Schloß, ehemals befestigt, wurde wahrscheinlich von Adolf X. erbaut. Graf Ernst erhob 1615 diesen Ort zu einer Stadt. Sie besitzt seit 1738 einen Gesundbrunnen und eine Saline.

Sachsenhagen hatte schon 1253 ein Schloß gleichen Namens, welches Graf Ernst neu erbaute und bis 1601 bewohnte. Diese kleine Stadt wurde mehrfach durch Feuersbrünste und im 30jährigen Kriege arg beschädigt. Die Landgräfin Amalie Elisabeth erhob 1650 diesen Ort zu einer Stadt. —

Für die Verwaltung Schaumburgs (hessischen Anteils) wurde in Rinteln eine Kanzlei errichtet, welche 1760 in eine Regierung mit einem Konsistorium und Obergericht verwandelt wurde.

Als Verwaltungskreis gehörte Schaumburg zur Provinz Niederhessen. Uebrigens behielt Schaumburg seine eigenen Land= stände, seine alten Rechte und Befugnisse, denn die Regenten von Hessen waren hier nur Grafen von Schaumburg. Aus diesem Grunde hatte letzteres auch mit den Landesschulden des Hauptlandes nichts gemein.

Zum Kreise Schaumburg gehörten ferner noch die Aemter Uchte, Freudenberg und Auberg. Die beiden ersteren hatten die Grafen von Hoya 1526 dem Hause Hessen als Lehen aufgetragen, und weil diese Grafenfamilie schon 1582 ausstarb, so zog endlich Hessen 1701 dieses Lehen ein. Auch das Amt Auberg war laut dem Vertrag von 1521 mit dem Grafen von Diepholz ein hessisches Lehen; dasselbe erwarb Hessen aber schon 1585 nach dem Aussterben der Grafen. — Diese 3 Aemter wurden 1815 auf dem Wiener Kongreß Hannover zugesprochen, weil sie ihrer Lage wegen als Tauschobjekte benutzt wurden.

Infolge der Teilung der Grafschaft Schaumburg und Vereinigung des einen Teils derselben mit Hessen wurde das schaumburgische Wappen (Nesselblatt) in das hessische Wappen aufgenommen, auch mußte sich die waffenfähige Mannschaft der Grafschaft an den Kriegen beteiligen, in die sich Hessen verwickelt oder durch die schändliche Geldgier seiner Fürsten freiwillig eingelassen hatte. Schaumburgische Krieger gingen daher nach den Niederlanden, nach Ungarn, nach Griechenland (in venetianischem Solde), nach Sizilien, nach Italien, in die Provence, an den Rhein, zur Belagerung von Belgrad rc.; sie fochten in Bayern bei Fontenoi, in Schottland und hatten Anteil an den ruhmvollen Ereignissen des 7jährigen Krieges. Schmählicher Weise aber mußten sie auch nach Amerika, um hier für englisches Geld, welches die hessischen Fürsten einsackten, gegen den jungen Freistaat zu kämpfen; darnach stritten sie gegen die Republik und das Kaiserreich Frankreich, kämpften unfreiwillig in Spanien und Rußland und beteiligten sich dann an dem glorreichen Befreiungskriege. Doch den schönsten Waffenruhm erwarben sie sich 1870/71 in dem Kriege gegen Frankreich. —

Lassen wir nun die Reihe der hessischen Regenten folgen, welche nach der Teilung der Grafschaft Schaumburg über dieselbe regierten, wollen wir dabei der Wahrheit die Ehre geben und von dem unfehlbaren Tribunal der Geschichte das Urteil hören, so müssen wir gestehen, es sind wenige, deren Namen wir mit Ruhm und Stolz nennen können. Am segensreichsten wirkten die Witwen der Fürsten. Seit der Teilung war das bis 1650 zunächst die geistreiche Landgräfin Amalie Elisabeth, welche 1650 die Regierung ihrem Sohne Wilhelm VI. übergab. Diesem verdankt die Universität Rinteln eine bedeutende Verbesserung.

Nach seinem Tode 1663 führte seine Witwe Hedwig Sophie, eine Schwester des großen Kurfürsten von Brandenburg, als Vormünderin ihres Sohnes, Wilhelm VII., und nach dessen

Tode (1670) ihres Sohnes Karl die Regierung bis 1675 fort, dann regierte dieser als Landgraf Karl I. bis 1730.

Nachdem der große Kurfürst die stehenden Heere geschaffen hatte, zeigte sich unter den deutschen Souveränen sehr bald die Unsitte, ihre Truppen für ganz fremde Interessen an fremde Fürsten und fremde Länder oft für vieles Geld abzugeben. Fast alle deutschen Fürsten fröhnten mehr oder weniger dieser Unsitte. Selbst Preußen gab während der Dauer des spanischen Erbfolgekrieges seine Regimenter 8, 9 und 10 in holländischen Sold, welches sich vielleicht noch dadurch entschuldigen läßt, daß etwa der erste Preußenkönig dem habsburgischen Kaiserhause gegenüber darauf bezügliche Versprechungen gemacht hatte. Das größte aber leisteten im Soldatenhandel unstreitig die hessischen Regenten.

Landgraf Karl I. von 1675—1730, der die Wilhelmshöhe anlegte, Kasernen und Kirchen erbaute, fing den Soldatenhandel mit dem Auslande an. 1687 überließ er an Venedig 1000 Mann zum Kriege gegen die Türken in Morea, 1702 gab er 9000 Hessen an die Seemächte, 1706 diente deren 11,500 in Italien, und nach dem Utrechter Frieden vermietete er wieder 12,000 Unterthanen an Georg I. Seit der Thronbesteigung Georgs II. (1727) zahlte England jährlich 240,000 Pfund Sterling Subsidien an den Landgrafen.

Sein ältester Sohn Friedrich vermählte sich mit Ulrike Eleonore, der jüngsten Schwester Karls XII. von Schweden, dem diese nach dessen Tode 1718 auf dem Throne von Schweden folgte; infolge dessen ihr Gemahl Friedrich von Hessen 1720 König von Schweden wurde.

Doch beim Tode seines Vaters Karl übernahm er auch als Landgraf Friedrich I. die Regierung über Hessen, ernannte aber daselbst seinen Bruder Wilhelm zu seinem Statthalter, welcher ihm, als er 1751 ohne Erben verstarb, in Hessen unter dem Namen Wilhelm VIII. als Landgraf bis 1760 folgte.

Dieser betrieb das Soldatengeschäft in noch größerer Ausdehnung, denn er versah sogar im österreichischen Erbfolgekriege beide kriegführenden Mächte mit Truppen, indem er 1743 sogar 6000 Hessen an Georg II., den Bundesgenossen der Maria Theresia, und eben so viel Landeskinder an Karl VII. (von Bayern) vermietete. Es war also der schmachvollste Bruderkrieg, denn es stand Hesse gegen Hesse auf fremde Bestellung, lediglich zu Gunsten des landesväterlichen Säckels. Einige Jahre später bildeten die Hessen den Kern der holländischen Hülfstruppen, mit welchen der Herzog von Cumberland die Schlacht bei Culloden gewann.

Im 7jährigen Kriege kämpften wieder 12,000 Hessen für englische Interessen gegen die Franzosen in Deutschland. In diesem Kriege wurde auch wiederholt unsere Grafschaft von feindlichen

Truppen heimgesucht. Am 27. Juni 1757 kam zuerst eine Abteilung französischer Truppen an, welche bald durch ein großes Armeekorps unter Armentier vermehrt wurde. Der Truppenmarsch dauerte bis nach der Schlacht bei Minden (1. August 1759) und hatte drückende Kontributionen im Gefolge. Am 22. Oktober 1759 kam Landgraf Wilhelm VIII. auf der Rückreise zu seinen Staaten nach Rinteln, erkrankte hier und starb daselbst am 1. Februar 1760 im Dankelmann'schen Hofe.

Ihm folgte sein Sohn Friedrich II. von 1760 bis 1785, der zur katholischen Kirche übergetreten war und darum schon als Erbprinz 1754 folgendes charakteristische Glaubensbekenntnis ablegte:

1. Wir bekennen und glauben, daß wir durch sonderbare Sorgfalt hoher Personen, auch angewendeten Fleiß der patrum Jesuitarum von den ketzerischen Wegen und Glauben sind gebracht worden, und daß wir sothanen römisch-katholischen Glauben freiwillig und ungezwungen angenommen haben, wollen auch beides mit Mund und Herzen zu erkennen geben.

2. Wir bekennen und glauben, daß alles, was der Papst neues stiftet, es sei inner- oder außerhalb der heiligen Schrift, was er auch anbefohlen, wahrhaftig als Gottes Wort und als Gottes Gebote zu halten sei.

3. Wir bekennen und glauben, daß der Papst Christi Statthalter sei und nach seinem Belieben den Menschen die Sünde zu vergeben und zu behalten und in die Hölle zu stürzen oder in den Himmel zu thun Vollmacht habe.

4. Wir bekennen und glauben, daß der Papst das Haupt der Kirche sei und nicht irren könne.

5. Wir bekennen und glauben, daß der heilige Vater Papst von jedermann mit göttlicher Ehre verehrt werden solle und zwar als Christus selbst.

6. — — von allen Sündern als der Allerheiligste soll verehrt werden, und solche Ketzer, welche seinen Schriften zuwider leben, nicht allein durch Feuer und Schwert aus dem Wege geräumt, sondern auch mit Leib und Seele in die Hölle gestoßen werden sollen.

7. Wir bekennen und glauben, daß das Lesen der Bibel die Verwirkung aller Rotten und Sünden, wie auch die Quelle der Gotteslästerung sei.

8. Wir bekennen und glauben, daß die römischen Priester größer als die Mutter Gottes, welche den Herrn Christus geboren, aber nicht mehr gebieret, ein römischer Priester aber eröffne und und erschaffe den Herrn Christum, auch dem er ihn will erschaffen und erschließen.

9. Wir bekennen und glauben, daß der Papst Macht habe,

die Schrift zu ändern und nach Belieben zu mindern und zu mehren.

10. Wir bekennen und glauben, daß das Messelesen für die Verstorbenen allerdings nützlich und heilsam sei.

11. Wir bekennen und glauben, daß die Seelen nach dem Tode durch das Fegefeuer gereinigt werden und sie hierdurch Erlösung empfangen.

12. Wir bekennen und glauben, daß das heilige Abendmahl unter einerlei Gestalt gut und selig sei, unter beiderlei Gestalt aber ketzerisch und verdammt.

13. Wir bekennen und glauben, daß, welche das heilige Abendmahl unter einerlei Gestalt gebrauchen, den ganzen Christum mit Leib und Blut, zusammen mit seiner Gottheit und Gebeine empfangen, welche es aber unter beiderlei Gestalt gebrauchen, nur das bloße Brod und Wein genießen.

14. Wir bekennen und glauben, daß das Sakrament freistehe zu genießen, wann er will.

15. Wir bekennen und glauben, daß die heilige Jungfrau Maria, beides von Engeln und Menschen gehalten werden soll, als der Sohn Christus selbst.

16. Wir bekennen und glauben, daß die Gebeine der Heiligen große Kraft in sich haben, deswegen sie von Menschen geehrt, mithin ihnen Kapellen auferbaut werden müssen.

17. Wir glauben und bekennen, daß Gott in Bildern geehrt und vermittelst derselben erkannt werden muß.

18. Wir glauben und bekennen, daß der römische Glaube unverfälscht sei und gottselig mache als ein wahrhaftiger; der evangelische aber von dem wir gutwillig abtreten, solche irrige Gotteslästerung in sich enthalte, verflucht, ketzerisch, schändlich, nicht aufrichtig, sondern gottlos ersonnen und nicht tüchtig zur Seligkeit sei. Weil derowegen die römische Religion durchaus vollkommen, in den Auslegungen der heiligen Schrift richtig und solchergestalt gut und heilsam ist,

19. So verfluchen wir alle diejenigen, welche das Abendmahl mit gotteslästerlicher Ketzerei unter beiderlei Gestalt genießen und gebrauchen.

20. Wir verfluchen unsere Eltern, die uns bei solchem ketzerischen Glauben aufgezogen haben.

21. Wir verfluchen auch diejenigen, welche uns am römischen Glauben zweifelhaft gemacht, gleichwie auch diejenigen, welche uns den verfluchten Kelch gereicht haben.

22. Wir verfluchen uns selbst und heißen uns verflucht, wenn wir dieses ketzerischen Kelchs als der nicht uns gegenwärtig teilhaftig machen.

23. Wir verfluchen auch diejenigen Bücher, die wir gelesen, darin diese gotteslästerliche, ketzerische Lehre enthalten ist.

24. Wir verfluchen auch unsere Worte, so lange wir bei diesem ketzerischen Glauben gelebt und verrichtet haben, damit sie am jüngsten Tage vor Gott uns nicht verdammen, bekräftigen es ungezwungen vermittelst eines kräftigen Widerrufs dieser ketzerischen Lehre.

25. Hingegen schwören wir, daß wir nimmermehr Zeit unseres Lebens zu der ketzerischen Lehre unter beiderlei Gestalt uns wieder wenden wollen.

26. Wir schwören auch, daß wir, so lange wir einen Bluts= tropfen haben, diese evangelische Lehre ganz und gar ordentlicher Weise, mit Worten und Werken, auch das Schwert nicht ausge= nommen, verfolgen wollen, bekräftigen auch letzlich, daß, wofern uns etwas anderes von geistlichen und weltlichen Dingen entgegen stehen sollte, nie weder aus Zusprache oder aus Lust von dieser seligmachenden katholischen Kirche einmal wieder abweichen noch zu der verfluchten Ketzerei wieder eintreten oder evangelisch werden wollen.

Assecurations-Acte
vom Erbprinzen Friedrich.
d. d. 28. Oktober 1754.

Diese Worte lassen wohl nach jeder Richtung hin an Deut= lichkeit nichts zu wünschen übrig, weshalb wir uns auch jedes Urteils enthalten und nichts mehr hinzuzufügen haben. Doch müssen wir bemerken, daß Vorstehendes ein Nachkomme jenes Philipps bekannte und unterschrieb, dessen Figur als einstige Säule der Re= formation des Luther=Denkmal zu Worms ziert.

Ist es nun zu verwundern, daß Gott auch an diesem Hause die Sünden der Väter heimsuchte an den Kindern bis ins dritte und vierte Glied?

Friedrich II. hielt einen glänzenden Hof, er nahm sich die französische Mißwirtschaft, Sinnlichkeit, Lüsternheit, Schamlosigkeit, Hohlheit, Zerfahrenheit, Verprassung und Verschwendung zum Muster, vermehrte das Heer bedeutend und ließ in der erniedrigendsten Weise von 1776—1784 im englischen Solde 22,000 Mann (darunter Seume, Gneisenau 2c.) gegen Nordamerika kämpfen, wofür ihm 21,276,778 Thaler gezahlt wurden. Auf den Landstraßen wurden sogar diese Unglücklichen ergriffen, wie die Häringe in Schiffe ein= gepfercht und nach Amerika geschafft.

Schon Friedrichs Vater hatte diesen Soldatenhandel be= trieben, doch der Sohn beutete dieses Geschäft mit Menschenfleisch auf die schmachvollste und schändlichste Weise aus.

Durch solche Mißregierung aber hatte dieses Haus sein Bestehen auf einem europäischen Throne verwirkt, und weil es noch eine Gerechtigkeit im Himmel giebt, darum ging in letzterer Zeit die Geschichte auch über diese Dynastie zur Tagesordnung über.

Im achtzehnten Jahrhundert kam überhaupt die Mißwirtschaft, welche man von jenseits des Rheins her einführte, bei allen deutschen Höfen zur höchsten Blüte, und Friedrich II. von Hessen liefert dazu die beste Illustration. Nur der große Preußenkönig Friedrich II. machte darin eine rühmliche Ausnahme; denn wenn er auch Fran= zösisch sprach, so dachte und handelte er doch stets Deutsch, und darum wird er aus dieser dunklen Zeit als ein heller Stern in alle Zeiten hineinleuchten.

Wie tief aber mußte jener Friedrich II. von Hessen gesunken sein; der den Namen eines glorreichen Ahnen so arg besudelte und seine Eltern verfluchte; der eine vom Herzog von Bouillon in Paris abgedankte Maitresse sich nach Kassel verschrieb, welche 2000 Thlr. Gold Reisegeld und jährlich 10,000 Thaler Gold Gehalt erhielt.

Seine rechtmäßigen Kinder, welche in Hanau von ihrer Mutter erzogen wurden, sah er, ohne daß sie ihm etwas zu Leide gethan hatten, volle 29 Jahre nicht. Beharrlich haßte er Gattin und Kinder, weil erstere als Mutter seiner rechtmäßigen Kinder das „Verbrechen" begangen hatte, sich von ihrem Manne zu trennen, nachdem er katholisch geworden war. Seine Gemahlin war eine Tochter Georgs II. von England. Diesem gegenüber zeigte er sich so servil und so schamlos geldgierig, daß er deshalb den Hohn des ganzen englischen Parlaments auf sich lud*)

Zwar hat Landgraf Friedrich II. für seine Bauten in Kassel sich Verdienste erworben, wofür ihm Kassel vielleicht zu Dank ver= pflichtet ist, aber ein ganzes Land kann auf einen solchen Regenten nicht stolz sein. Er starb 1785 und ihm folgte sein Sohn Land= graf Wilhelm IX., der aber schon seit 1760 Graf und dann Fürst von Hanau gewesen war.

Als Landgraf Wilhelm IX. regierte er von 1785—1803. Für unsere Grafschaft ist er besonders darum merkenswert, weil er 1789 das Bad Nenndorf gründete. — Zur Entschädigung für den Verlust seiner Besitzungen jenseits des Rheins erhielt er 1803 mehrere vormals Mainzer Aemter und Städte und wurde am 25. Februar 1803 zur Würde eines Kurfürsten erhoben, die er am 1. Mai 1803 unter dem Namen Wilhelm I. öffentlich annahm. Nachdem er dann 1806 von Napoleon verjagt und seiner Länder

---

*) Wer über diese Zeit und Zustände Näheres erfahren will, dem sei: „Der Soldatenhandel deutscher Fürsten nach Amerika von Friedrich Kapp" empfohlen.

beraubt wurde, mußte er diese im Besitz des nichtswürdigen Jérôme sehen; erst am 21. November 1813 konnte er in sein Land zurück= kehren. Wie in ganz Deutschland so herrschte auch hier großer Jubel über die Beendigung der französischen Mißwirtschaft und Wiederkehr der angestammten Fürsten.

Bei seiner Rückkehr in sein Land hatte er dem Volke in einer Proklamation versprochen, die Landstände, wie sie bis 1806 bestanden, jedoch mit Aufhebung aller Steuerbefreiungen, wiederher= zustellen. Demnach waren auch die alten Stände vom 1. März bis zum 2. Juli 1815 und dann wieder vom 15. Februar bis zum 10. Mai 1816 versammelt. Der Kurfürst ließ einen Konstitutions= entwurf, der wesentlich an den alten Grundlagen nichts ändern sollte, ausarbeiten und den Ständen mitteilen, die einige Abände= rungen durchsetzten. Schon war eine definitive Redaktion zur Pu= blikation als Gesetz bereit, da wollte plötzlich der Kurfürst von einer Konstitution nichts mehr wissen. Den Grund zu dieser landesväter= lichen Sinnesänderung suchte man darin, daß die Stände, statt eine Summe von 4 Millionen zu ersetzen, welche die Kriegskasse forderte, eine genaue Nachweisung des Staatsvermögens verlangten. Der Kurfürst gab zwar hierauf das Haus= und Staatsgesetz vom 4. März 1817, in welches man verschiedene Bestimmungen des beseitigten Konstitionsentwurfs aufnahm, aber die Stände berief er nicht mehr, und mehrere wichtige Gesetze, wie Steuerausschreiben, wurden in Form von Verordnungen erlassen.

Der Tod des Kurfürsten Wilhelms I. am 27. Februar 1821, dem sein Sohn Wilhelm II. (von 1821 bis 1847) in der Regie= rung folgte, änderte hierin nichts. Durch ein Organisationsedikt vom 29. Juni 1821 erhielt freilich die Staatsverwaltung eine sehr veränderte Gestalt, allein diese Organisation vermehrte die oberen Verwaltungsbehörden, dadurch natürlich auch einen Kostenaufwand und entbehrte gleichwohl der inneren Garantien, so daß keine Be= ruhigung und Abhülfe bewirkt wurde. Dazu kam noch, daß man an dem Verhältnisse des Kurfürsten zur Gräfin Reichenbach, der man großen Einfluß auf denselben zuschrieb, immer größeren An= stoß nahm. Als darum der Kurfürst und die Gräfin im September 1830 von Karlsbad nach Kassel zurückzukehren beabsichtigten, brach am 6. September eine Bewegung aus, infolge deren am 7. eine Bürgerbewaffnung eingeführt wurde. Darauf langte der Kurfürst mit dem Kurprinzen am 12. September in Kassel an, und ersterer bewilligte am 13. September dem Stadtrate zu Kassel das Gesuch um Versammlung der Landstände. Inzwischen waren auch in Hanau und Fulda Unruhen ausgebrochen, die sich selbst in Kassel am 6. und 16. Oktober erneuerten.

Die durch eine Verordnung vom 19. September berufenen

Stände der althessischen Lande, denen auch Abgeordnete von Fulda, Hanau, Isenburg und Schaumburg beigegeben waren, traten am 16. Oktober zusammen. Schon im Voraus war ihnen der vom 7. Oktober datierte Entwurf eines neuen Staatsgrundgesetzes vertraulich mitgeteilt worden. Nachdem ein ständischer Ausschuß diesen Entwurf geprüft und Aenderungen vorgeschlagen, wurde mit den kurfürstlichen Kommissarien das neue Staatsgrundgesetz vereinbart, welches der Kurfürst am 5. Januar 1831 unterzeichnete und am 9. Januar den Ständen feierlich übergab und publizierte.

Kurhessen war somit der erste konstitutionelle Staat in Deutschland.

Als nun auch die Gräfin Reichenbach am 10. Januar 1831 nach Wilhelmshöhe zurückkehrte, entstand darüber eine derartige Bewegung, daß die Gräfin sich wieder zur Abreise entschließen mußte. Infolge dessen verlegte der Kurfürst seine Residenz von Kassel nach Hanau und war durch nichts zu bewegen, seinen Entschluß zu ändern. Nachdem ihn aber eine Deputation der Stände und des Rats zu Kassel am 31. August 1831 darauf aufmerksam machte, daß bei längerer Abwesenheit des Regenten die Verfassungsurkunde die Einsetzung eines Regentschaftsrats vorschreibe, entschloß er sich, dem Kurprinzen Friedrich Wilhelm die Mitregentschaft und zugleich, bis er selbst wieder in die Hauptstadt zurückkehren werde, die alleinige Regierung zu übertragen. Diese Anordnung wurde am 30. September 1831 durch ein Gesetz bekannt gemacht und am 7. Oktober hielt der Kurprinz-Mitregent seinen Einzug in Kassel.

Zwar wurde nach der neuen Verfassung der erste Landtag am 11. April 1831 eröffnet, auch kamen mehrere wichtige Gesetze zu Stande, indes andere erhielten die landesherrliche Sanktion nicht, zugleich wurden Presse und Vereine schwer geschädigt, und weil überhaupt die Stände sich nicht gefügig zeigten, so erfolgte am 26. Juli die Auflösung des Landtags.

Zum zweiten Landtag, der für den 25. Januar 1833 einberufen war, wurden fast alle oppositionellen Abgeordneten wiedergewählt, woraus noch neue Zwiste zwischen Regierung und Stände entstanden. Da hierdurch die Eröffnung des Landtags sich bis zum 8. März verzögerte, so kam es zu einer Anklage der Stände gegen den Minister Hassenpflug; infolge dessen der Landtag am 18. März abermals aufgelöst wurde.

Der dritte Landtag wurde zum 15. April 1833 einberufen, aber erst am 10. Juni eröffnet. Die Mißhelligkeiten zwischen Ministerium und Ständen dauerten fort, weshalb auf dem gesetzgeberischen Wege wenig geleistet wurde. Gleichwohl schloß dieser Landtag am 31. Oktober 1833 mit einem vertragsmäßig gefaßten

Abschiede. — Der folgende Landtag für die zweite Finanzperiode von 1834—1836, jedoch ohne neue Wahlen, wurden am 11. November 1833 eröffnet, aber bald darauf wieder vertagt. Seine Arbeiten begann er erst wieder am 20. Februar 1834. — Die Gemeindeordnung, welche letzterer schuf, war das wichtigste der Gesetze.

Trotzdem man auf die Gerichte einen Druck zu Gunsten des Ministeriums ausübte, so wiederholten sich doch die Anklagen gegen Hassenpflug, weshalb auch der Landtag wiederholt vertagt, ohne Verabschiedung entlassen oder aufgelöst wurde. Das änderte sich selbst nach Hassenpflugs Austritt aus dem Staatsdienste (1837) nicht.

Während dieser fortwährenden Wirren zwischen Regierung und Ständen, wobei das Volk stets eine würdige Haltung beobachtete, die fast beispiellos ist, starb 1847 Kurfürst Wilhelm II. zu Frankfurt a. M. und der Kurprinz-Mitregent trat nun als Kurfürst Friedrich Wilhelm I. die Regierung an. Derselbe schien ganz im Geiste seiner Vorgänger zu denken und mit seinem Volke nicht im Frieden leben zu wollen, auch schien er bei der Huldigung den Eid auf die Verfassung umgehen zu wollen, weil aber ein darauf bezüglicher Versuch beim Heere scheiterte, so ging man davon ab.

Unter solchen Verhältnissen mußten allerdings die Februar-Revolution von 1848 und die darauf folgenden Ereignisse in Deutschland und Hessen mächtig wirken; überall begannen Bewegungen, besonders in Hanau. Infolge dessen entließ der Kurfürst das Ministerium Scheffer, berief ein liberales und gewährte sämtliche Forderungen. Das war für alle Kreise der Bevölkerung von weitgehendster Bedeutung, denn nun hörte die Bevorzugung einzelner Klassen auf und alle waren vor dem Gesetz gleich. Die Presse, die Religionsübung ward frei, die bürgerliche Ehe eingeführt, die Polizeiverwaltung den Gemeinden übertragen, die Polizeigerichtsbarkeit aufgehoben, die körperliche Züchtigung abgeschafft, die Denunciantengebühr beseitigt, öffentliches und mündliches Gerichtsverfahren in Strafsachen mit Anklageprozeß und Geschworenen eingeführt. Die Patrimonialgerichtsbarkeit der Standesherren sowie die Polizei und Verwaltung derselben wurden aufgehoben. Zur Besetzung des obersten Gerichtshofes wirkten die Stände mit, welche nach einem neuen Wahlgesetz gewählt wurden. Die Verwaltung gestaltete man volkstümlich dahin um, daß nun ein vom Volke gewählter Bezirksrat den Verwaltungsbeamten zur Seite stand. Das Petitions- und Versammlungsrecht ward gesichert, aller Lehns-, Meier-, Erbpachts- oder sonstige gutsherrliche Verband gegen Entschädigung aufgehoben, ebenso die Jagdgerechtsame auf fremdem Grund und Boden.

Indes die fortgesetzten österreichischen Einflüsse veranlaßten den Kurfürsten am 22. Februar 1850 das Märzministerium zu entlassen und abermals den unheilvollen Hassenpflug an die Spitze der Geschäfte zu berufen. — Das war aber nicht nur für Kurhessen, sondern für ganz Deutschland von entscheidender Wichtigkeit, weil Hassenpflug, entschieden im reaktionären Sinne Oesterreichs gegen das verhaßte Preußen arbeitete, welches vom Geiste der Zeit getragen wurde. Er verfuhr so rücksichtslos, willkürlich und gesetzwidrig, daß die politischen Kämpfe in Hessen einen Fiebergrad erreichten.

Herrliche Männer sehen wir jetzt in Hessen frei und offen für Wahrheit und Recht eintreten, auch unsere Grafschaft stellte dazu einen ihrer edelsten Söhne. Und das war unser Dr. Friedrich Oetker, welcher am 9. April 1809 zu Rehren geboren und zu den mannhaften Streitern für die Rechte des Volkes gegehörte.

Die Zustände in Hessen steigerten sich derart, daß man die Steuern verweigerte und den Beamten ihr Gehalt nicht auszahlte. Die Offiziere standen vor der Alternative, entweder eidbrüchig zu werden und zu gehorchen, oder den Eid zu halten und die Entlassung zu nehmen. Letzteres geschah, denn selbst der General Haynau als Oberbefehlshaber imponierte den Offizieren als Werkzeug der Reaktion nicht. Da man aber höheren Orts der österreichischen Unterstützung sicher war, so ging man unbeirrt auf dem gesetzwidrigen Wege weiter.

Thatsächlich war auch inzwischen eine auswärtige Intervention vorbereitet worden, durch welche die brennenden Fragen der deutschen Politik ihre Entscheidung finden sollten, denn nicht die kurhessischen Wirren, sondern die deutsche Politik war der Grund des Einschreitens der vereinigten Bayern und Oesterreicher, infolge dessen von Norden her die preußischen Truppen einrückten, Kassel und Fulda besetzten. Jene kamen zunächst zu Gunsten der landesväterlichen Vergewaltigung und diese kamen, um die Rechte eines friedliebenden Volkes zu vertreten. Natürlich war die Sympathie des ganzen hessischen Volkes auf Seiten der Preußen.

Es folgte nun am 8. November 1850 die klägliche Katastrophe von Bronzell, welche am 30. November 1850 in dem traurigen Olmütz endete. Denn der damals mächtige Zar Nikolaus gebot in despotischer Weise Ruhe und deckte das Feuer in Deutschland mit Asche zu.

Die Rücksichtslosigkeit kannte nun in Hessen keine Grenze mehr. Viele Beamten nahmen, andere bekamen ihre Entlassung, fremde Soldaten saßen über hessische Beamten und Richter zu

Gericht, und Mitglieder des ständischen Ausschusses wurden zu mehr= jähriger Festungshaft verurteilt. Die politische Reaktion, vertreten durch Hassenpflug, ging mit der kirchlichen, vertreten durch Vilmar, Hand in Hand und brachte das Denunziantenwesen zu einer seltenen Blüte.

Das unglückliche Kurhessen sollte seine Ruhe erst wieder finden, als die deutsche Frage im deutschen Kriege von 1866 auf Böhmens blutigen Gefilden definitiv ihre Erledigung fand.

Und diese Zeit nahte, denn in Preußen hatte seit dem 2. Januar 1861 König Wilhelm I. den Thron seiner ruhmreichen Ahnen bestiegen. Bei dieser Gelegenheit hatte er den erwartungs= vollen Völkern laut und deutlich das Wort zugerufen: „Die Welt muß wissen, daß Preußen das Recht schützt!"

Auf diesem festen Boden bewegte sich fortan die preußische Politik in bestimmten und sicheren Bahnen; und weil sie ächt deutsch war, deshalb war sie auch lebenskräftig. Oesterreich erkannte das sofort und versuchte in gewohnter Weise zunächst durch politische Schachzüge Preußens feste Politik zu durchkreuzen. Da das aber nicht gelang, so reiften die politischen Verhältnisse mit rapider Schnelligkeit zu einer gewaltsamen Lösung heran. — Sollte Deutsch= land aber wirklich zu einer deutschen Weltmacht gelangen, so war der Bruderkampf in Deutschland unvermeidlich, wie er einst zwischen Romulus und Remus unbedingt nötig war, um Roms Weltherrschaft zu begründen.

In dem verhängnisvollen Jahre 1866 weigerte sich der Kurfürst von Hessen hartnäckig, auf die Seite des ehrlich national= gesinnten Preußen zu treten, vielmehr blieb er im Gegensatz zu seinem Volke fest an Oesterreich gekettet. Nachdem dieses samt seinen vielen Bundesgenossen ebenso schnell wie wuchtig niedergeworfen war, da traf ihn und sein Haus die furchtbare Nemesis. Die Welt= geschichte wurde für ihn zum Weltgerichte, denn er wurde für immer seines Thrones entsetzt und sein Land unter dem Beifall fast sämt= licher Einwohner dem großen Preußischen Staate laut König= licher Erklärung vom 16. August 1866 einverleibt.

Seit dieser Zeit bildet Hessen nebst der Grafschaft Schaum= burg und dem früheren Herzogtum Nassau die Preußische Provinz Hessen=Nassau, wovon unsere Grafschaft wiederum den „Kreis Rinteln" bildet. Die Hauptstadt des letzteren ist eben unsere Stadt Rinteln.

Gewiß ist das Schicksal des letzten Kurfürsten von Hessen, der zugleich der letzte Kurfürst in Deutschland war, ein tragisches, der Geschichte zufolge aber auch wohl ein unabwendbares, denn diese ist nicht sentimental, vielmehr tötet sie erbarmungslos, was nicht lebensfähig ist. Er sah seine Residenz Kassel nicht wieder,

9

sondern lebte seit 1866 auf seinen Gütern bei Prag, starb daselbst 1874 und wurde in Kassel begraben.

Fürsten sterben, Dynastien vergehen, aber Völker, die ein Selbstbewußtsein haben, bleiben. Auch die Schaumburger waren in Sitten und Gebräuchen, Glauben und Mundart sich treu geblieben. Obschon sie seit zwei Jahrhunderten mit Hessen, also mit einem andern Volksstamme, verbunden waren und vielfach eine Vermischung der Elemente stattfand; obschon hier hessische Sympathien zur Reife kamen und die Treue an das derzeitig „angestammte Herrscherhaus" eine aufrichtige war, so blieb doch das niederdeutsche Wesen eine berechtigte Eigentümlichkeit der Schaumburger.

Die Verbindung mit Hessen ist aber seit 1866 weder gelöst noch bestätigt, sie ist vielmehr höchst seltener Art, denn in Beziehung auf die Verwaltung verkehren wir mit Kassel, in Justiz- und Militärangelegenheiten gehören wir nach Hannover, und in Steuer- und Postsachen hat man uns nach Münster und Minden, also nach Westfalen verwiesen. Niemand wird das für die Grafschaft weder natürlich noch ersprießlich finden. Doch hoffen wir, daß zum Wohle derselben demnächst eine darauf bezügliche, endgültige Entscheidung getroffen werde.

Die Universität hat in Rinteln von 1621 bis 1809 bestanden, als Ersatz dafür erhielt es 1817 ein Gymnasium. An der Universität lehrten unter andern Josua Stegmann (zur Zeit des 30jährigen Krieges) und Thomas Abbt (zur Zeit des 7jährigen Krieges. Von den Schülern dieses Gymnasiums wurden später berühmte Männer Staatsrat Wippermann, Franz Dingelstedt, Friedrich Oetker, Gebrüder Wilhelm und Gustav Volkmar, Julius Rodenberg sowie die Maler Gustav Süs und Christian Kröner, letzterer ist sogar ein Rintelner Kind. Zu den Direktoren gehörte Frick und zu den Lehrern L. Stacke. — Eine evangelische Stadtschule besitzt Rinteln seit 1826.

Der Kreis Rinteln,
oder das Haus Hohenzollern in der geteilten Grafschaft Schaumburg.

Durch die Gewalt der Thatsachen im Jahre 1866 wurden nicht nur Hessen-Nassau, sondern auch Schleswig-Holstein und Hannover preußische Provinzen.

Mochte dieser abermalige Wechsel auch in unserer Graf=
schaft manche durch eine 200jährige Frist berechtigten Gefühle ver=
letzen, ja mochte er hier und da sogar Nachteile bringen — z. B.
Rinteln blieb keine Garnisonstadt mehr und verlor viele seiner
Behörden 2c. — so war derselbe doch im Allgemeinen von großem
Segen und weitgehendster Bedeutung, denn nun gehörten wir als
Norddeutsche einem großen norddeutschen Staate an, der seine Mit=
glieder nach jeder Richtung hin zu vertreten und zu schützen mußte.
Dazu wurden durch den neu errichteten norddeutschen Bund die
Schranken der Gesetzgebung erweitert und der freieren Entwickelung
aller Berufsklassen mehr als bisher Rechnung getragen. Endlich
durften auch wir ein Herrscherhaus jetzt unser nennen, welches in
der weiten Weltgeschichte bis heute als unvergleichlich dasteht, denn
kein anderes Haus hat seit fast 500 Jahren solche Männer und
solche Thaten aufzuweisen wie das Haus Hohenzollern. Besonders
seit dem großen Kurfürsten zeigten die Hohenzollern die ihnen eigen=
tümliche Kunst, die Staatsidee zu wecken und die Glut der vater=
ländischen Liebe zu nähren. Mit Stolz geloben daher auch wir
Schaumburger dem glorreichen Hohenzollernhause T r e u e um
T r e u e! —

Wilhelm I., König von Preußen war also seit 1866 auch
Graf von Schaumburg. Geboren am 22. März 1797 als zweiter
Sohn des Königs Friedrich Wilhelm III. und seiner unsterblichen
Gemahlin Luise, vermählte er sich am 11. Juni 1829 mit der
geistreichen Prinzessin Augusta von Sachsen=Weimar. Er hatte
einen Sohn, den nachherigen Kaiser F r i e d r i c h III., und eine
Tochter, die jetzige Großherzogin Luise von Baden, und folgte
seinem Bruder König Friedrich Wilhelm IV. am 2. Januar 1861
auf dem Throne Preußens.

Trotz seiner 63 Jahre war er eine jugendfrische Erscheinung,
eine wahrhaft majestätische Gestalt, an der jeder Zoll ein König
war. Wer ihn nur sah oder gar sprach, der war auch für ihn be=
geistert. Diesen Fürsten hatte die Vorsehung auserwählt, lang=
hundertjähriges Unrecht zu sühnen, Deutschland zu regenerieren und
es auf eine nie geahnte Höhe zu bringen.

Mit dem schönsten Siegeslorbeer bereits geschmückt, nicht
mehr denkend „an die Händel dieser Welt", suchte Wilhelm I.
besonders durch moralische Eroberungen zu wirken und zu versöhnen,
was ihm in seiner gerechten, leutseligen Weise auch herrlich gelang.
Doch der stets wachsende Ruhm dieses Königs veranlaßte bei den
Franzosen „patriotische Beklemmungen", sie schrien nach Rache für
Waterloo und Sadowa, weshalb im düstern Drange Napoleon III.
am 19. Juli 1870 in Berlin die Kriegserklärung überreichen ließ.

Es war ein merkwürdiger, vielleicht vom Schicksal herbei=

9*

geführter Zufall, daß dieser Tag der Todestag der Königin Luise war, denn wie alljährlich, so lag auch an diesem Tage der greise König mit seinem Sohne am Grabe seiner Mutter und betete für sie. Und sicherlich hat er an dieser heiligen Stätte geschworen, mit Gottes Hülfe die fränkische Schmach, die vor 60 Jahren das Herz der unvergeßlichen Mutte gebrochen, nunmehr zu sühnen. Dieser heilige Schwar erhielt hier die Weihe des Genius der Hohenzollern.

Der König rief zu den Waffen, und alle, alle kamen. Von der Memel bis zur Saar, von den Alpen bis zur Königsau, ja selbst von jenseit des Oceans kamen die Deutschen und eilten mit dem greisen König an der Spitze in Treue um Treue über den Rhein nach Frankreich hinein.

Und nun von Weißenburg bis Metz; welches Ringen, welches Siegen; dann von Metz bis Sedan, welche Thaten, welche Folgen! Ein ganzes Heer samt seinem Kaiser gefangen! dann von Sedan bis Paris und Orleans, überall entlud sich Schlag auf Schlag das Gewitter und traf den „alten, bösen Feind", bis endlich die übermütige Gallia lag zu den Füßen der hehren Germania.

An diesen unvergleichlichen Thaten beteiligten sich auch viele Schaumburger, sie haben gleich den andern deutschen Brüdern den schönsten deutschen Ruhmeskranz flechten helfen, die von Frankreich an Deutschland verübte Schmach gerächt und deutsche Lande zurück erobert, sie haben gekämpft und geblutet bis der höchste Preis erstritten war. Denn der ehrwürdige Greis, der als siegreicher König auszog, kehrte aus diesem Riesenkampfe schon nach 7 Monaten von Frankreichs blutigen Gefilden als ruhmbedeckter Kaiser von Deutschland unter endlosem Jubel Alldeutschlands zurück. Die kühnsten Hoffnungen waren übertroffen, weil die hehre Idee von Kaiser und Reich nun zur Wahrheit geworden war. Deutschland ein erbliches Kaisertum der Hohenzollern! „Welche Wendung durch Gottes Fügung!"

Es war eine großartige, erhebende Zeit, wer sie durchlebt hat, wird sie nie vergessen. Zwei Riesenmächte, Oesterreich und Frankreich, waren zu Boden geworfen, jenes in 1 und dieses in 7 Monaten. Solche Thaten hatte die Welt noch nicht gesehen, auch wird ein Tag von Sedan in der Geschichte nie wiederkehren.

Wilhelm I. krönte also das Werk, welches Hermann einst begonnen hatte. Freilich hatten die Hohenzollern schon seit Jahrhunderten am meisten und am besten „im Deutschen" gearbeitet, aber am Tage von Sedan haben sie ihre Prüfung darin mit solchem Ruhm und Glanz bestanden, daß man ihnen einstimmig den ersten

und köstlichsten Preis zuerkannte, nämlich die erbliche deutsche Kaiser=
krone.

Kaiser Wilhelm I. förderte von nun an überall die Werke
des Friedens, suchte das neuerstandene Reich möglichst zu festigen
und den Wohlstand des Volkes nach jeder Richtung hin zu heben.
Auch in unserer Grafschaft sah man solche Früchte des Friedens
und des Aufschwungs. 1875 erhielten wir durch unser schönes
Weserthal die Bahn; 1876 entstand bei Rinteln die Glasfabrik und
1875 bei Oldendorf eine Zuckerfabrik; 1886/87 wurden die Kirchen
in Rinteln und Oldendorf restauriert, unzählige neue Wohnhäuser
tauchten überall in der Grafschaft hervor und die im Bade Nenndorf
ausgeführten staatlichen Neubauten beweisen die wohlwollende Für=
sorge, so daß man in der That sagen kann, der Name Hohenzollern
bürgt für Gerechtigkeit und Zukunft.

Leider sollten diesem ritterlichen Fürsten, der Deutschlands
Macht und Ruhm auf die höchste Spitze erhob, auch die Prüfungen
nicht erspart bleiben. Doch nur deren härteste, die unheilbare
Krankheit seines einzigen Sohnes, vermochte diese Riesennatur zu
knicken und auf das Krankenlager zu bringen, welches leider schon
nach wenigen Tagen mit dem Totenlager endete, denn am 9. März
1888, morgens 8½ Uhr schloß in Berlin einer der größten Herrscher
aller Zeiten im Alter von fast 91 Jahren für immer seine Augen.

Damit war einer der gewaltigsten Momente des Jahrhunderts,
einer der ereignisvollsten Augenblicke der Weltgeschichte eingetreten.
Ein Schauer tiefsten Schmerzes durchzitterte bei dieser Kunde mit
elementarer Gewalt Alldeutschland und flog über die ganze civili=
sierte Welt. Jedes fühlende Herz hatte die Empfindung, als wäre
plötzlich eine helleuchtende Sonne erloschen; denn das Herz, welches
von früh bis spät so warm für alle schlug, nun stand es still; die
Hand, welche zum höchsten Wohle des Vaterlandes das Helden=
schwert so tapfer geführt hatte, sie waren erkaltet; der erhabene
Geist, der die Wiederaufrichtung unseres herrlichen Vaterlandes
erwog und glänzend vollzog, er war entschwunden, nur eine mäch=
tige Lichtbahn hinter sich zurücklassend, die als Unsterblichkeit in
der glorreichsten und idealsten Bedeutung des Wortes hinstrahlen
wird durch Jahrhunderte, ja Jahrtausende. Wilhelm I. wird darum
für alle Zeiten Deutschlands großer Kaiser bleiben, ein würdiger
Sagenkreis wird ihn einst umgeben und ewig wird er im Munde
seines Volkes fortleben.

Diesem großen Kaiser folgte sein großer Sohn Friedrich III.,
der leider, leider seit etwa einem Jahre an einem unheilbaren Hals=
übel erkrankt war. Geboren am denkwürdigen 18. Oktober 1831,
vermählte er sich am 25. Januar 1858 mit der hochgebildeten
Prinzessin Victoria von England, aus welcher Ehe 8 Kinder ent=

sprossen, nämlich der jetzige Kaiser Wilhelm II., Prinz Heinrich, die Prinzessinnen Charlotte (Gemahlin des Erbprinzen von Meiningen), Victoria (Gemahlin des Prinzen Adolph von Lippe-Schaumburg), Sophie (Gemahlin des Kronprinzen von Griechenland) und Margareta, ferner die Prinzen Sigismund und Waldemar, welche aber leider schon 1866 und 1879 gestorben sind.

Wer in das Herz dieses edlen Monarchen schauen will, der lese seine beiden ersten Erlasse: „An mein Volk" und „An den Fürsten Bismarck", dann wird man begreifen, warum dieser Fürst von seinem Volke so „überwältigend" geliebt wurde. Nie hat wohl des Himmels Füllhorn mit seinen himmlischen Gaben einen Fürsten so reichlich ausgestattet wie ihn, denn er war thatsächlich eine vollendete Schönheit sowohl des Körpers wie auch des Geistes, ja eine Gottheit selber schien in ihm menschliche Gestalt angenommen zu haben. Darum schien auch ein himmlischer Friede seine Engelsschwingen auszubreiten über die ganze Welt, denn überall wurde Deutschlands neuer Kaiser als ein Freund und Mittler begrüßt und willkommen geheißen.

Das Volk nannte ihn „unsern Fritz" und schaute mit Bewunderung, ja mit unbegrenztem Vertrauen zu ihm empor, wobei ihm alle, alle gleich nahe standen. Es war daher natürlich, daß keiner vor ihm so geliebt wurde wie er. Obgleich „unser Fritz" ein sieggekrönter und lorbeergeschmückter Held im Kriege war, so schätzte er die Werke des Friedens doch viel höher, den Krieg nannte er ein nationales Unglück. Friedrich III. war in der That ein Muster als Regent, ein Muster als Soldat, ein Muster als Mensch und Familienvater. Ein solcher Sohn folgte solchem Vater. Dieser unser Ruhm und Stolz, jener unsere Freude und Hoffnung. Strahlte aus dem Antlitz Wilhelms I. eine mächtig ergreifende Kraft, Hoheit und Würde, die jeden besiegte, so leuchtete aus Friedrichs Augen eine wunderbare Macht, Gerechtigkeit und Milde, die jeden gewann.

Wiewohl bis zum Tode gebrochen, wo doch jeder andere Mensch nichts als Ruhe und Zurückgezogenheit sucht, hat dieser Hohenzoller keine Zeit krank zu sein. Vielmehr erträgt er sein unsägliches Leiden ohne zu klagen und erfüllt seine königlichen Pflichten bis zum letzten Athemzuge. Darum wurde auch im größten Schlosse wie in der kleinsten Hütte täglich für ihn gebetet und gefleht. Aber weder im Himmel noch in der Natur schien eine Rettung möglich zu sein, denn umsonst der liebenden Gemahlin hingebende Aufopferung, vergeblich die Anstrengungen einer erfindungsreichen Wissenschaft, ohnmächtig des treuesten Volkes heiße Gebete, das furtbare Verhängnis blieb unabwendbar. Nach einer

99tägigen Regierung schloß am 15. Juni in dem denk=
würdigen Drei=Kaiser=Jahr 1888 dieser königliche Dul=
der für immer seine Augen. — Alldeutschland, Oesterreich,
England, Italien, ja selbst Frankreich trauerte um diesen Toten.
Eine Welt voll Trauer und ein Meer von Thränen umgab dieses
Sterbebette.

Was aber von Kaiser Friedrich in der kurzen Regierungs=
zeit ausgeführt werden konnte, das ist im großartigen Pflichtgefühl,
wie es nur die Hohenzollern kennen, bis zur letzten Stunde ge=
schehen, und darum hat er nicht umsonst gelebt und gewirkt, viel=
mehr soll er als „unser Fritz" ewig unter uns fortleben. Wie wir
ihn im Leben ehrten und liebten als einen Gott, so soll, nun er
tot ist, sein Geist herrschen über die Geister.

Das deutsche Volk wird stets mit Bewunderung und Stolz,
mit Wehmut und Liebe seiner beiden ersten Kaiser gedenken, denn
diese wirklich hochbegnadeten Herrscher sind die thatsächlichen Be=
gründer des neuen deutschen Reichs. Gleichwohl aber sieht es voll
Liebe und Vertrauen auf den Nachfolger, auf den Sohn und
Enkel, auf unsern jugendlichen, thatkräftigen

Kaiser Wilhelm II., welcher am 27. Januar 1859 ge=
boren ist und seinem Vater am 15. Juni 1888 in der Regierung
folgte. Derselbe vermählte sich am 15. Februar 1881 mit Augusta
Victoria, Prinzessin von Schleswig=Holstein, folglich befindet sich
auch unser Schaumburger Nesselblatt im Wappen der jetzt
regierenden Kaiserin. Dieser Ehe sind bis jetzt entsprossen die
Prinzen Wilhelm (Kronprinz), Eitel=Friedrich, Adalbert,
August, Oscar und Joachim.

Kaiser Wilhelm II. hat schon vielfach bewiesen, daß auf
ihm der Geist seines Vaters und Großvaters ruht, daß er als
ächter Hohenzoller ein klares Auge für Deutschland und ein warmes
Herz für sein Volk hat, denn mit staunenswertem Scharfblick ent=
wickelt er eine Thätigkeit, die ihm die Verehrung aller Berufsklassen
und die Bewunderung sämtlicher Stämme zugewendet hat. Darum
wird er auch mit Weisheit, Kraft und Eifer das neu erbaute Reich
entsprechend ausbauen, damit dieses Haus möglichst wohnlich für
uns werde. Möge jeder in seiner Weise nach Kräften hierzu die
nötigen Bausteine liefern!

Die Festigung und der Ausbau des Reiches erfordert aber
die thätige Mitwirkung eines jeden um so mehr, weil mit der Ent=
stehung des Reiches demselben auch ein neuer, sehr gefährlicher
Feind erstanden ist. Wie Luthers Zeit und Werk die Bauernkriege
veranlaßte, so hat auch unsere große Zeit eine faule Frucht gezeitigt,
nämlich die Socialdemokratie.

Was will diese? Sie will alles bestehende über den Haufen werfen und völlig Unerreichbares dafür hinstellen. Und weil sie alles Bestehende, alle Religion, alle Autorität und Ordnung negiert, darum nennt man sie bei uns die Umsturzpartei, in Rußland Nihilisten.

Woher kommt diese Erscheinung? Die riesigen Fortschritte unserer Zeit auf allen Gebieten steigerten ganz natürlich auch die Ansprüche jeglicher Art. Unsere moderne, lasche Erziehung, die keine Bescheidenheit und Dankbarkeit mehr kannte und keine Charactere bilden konnte, erzog ein begehrliches, unzufriedenes Geschlecht. An die Stelle der deutschen Grobheit und Aufrichtigkeit trat eine welsche Geschmeidigkeit und Heuchelei, so daß in allen Verhältnissen jener Wurm nagte, der alles durchlöchert. Der offene Charakter stieß seiner Wahrheitsliebe wegen an, dagegen wurde ein charakterloses Strebertum begünstigt, weshalb Devotion am schnellsten in die Steigbügel des Pferdes Carrière führte. Natürlich wurden dadurch die Rechtsbegriffe verrückt und es entstand eine Verwirrung in den Köpfen.

Da die frühere Genügsamkeit einer schrankenlosen Genußsucht gewichen war, so war selbstverständlich Geld die einzige Losung. Wo das aber nicht ist, da kehrt Unzufriedenheit ein, die dann ins feindliche Lager treibt und sogar bis zur Auflehnung anschwellen kann. Um nun reich, und zwar bald reich zu werden, wird alles gesinnungslos in die Schanze geschlagen und jeder sucht den andern möglichst auszubeuten, um ihn dann wie eine ausgepreßte Citrone wegzuwerfen. So entsteht vor unsern Augen das ekelhafteste Schauspiel unserer Zeit, nämlich der Tanz um das goldene Kalb. Dieser nackte Materialismus und herzlose Egoismus weckt die Unzufriedenheit, steigert den Unterschied zwischen Besitzenden und Besitzlosen, fördert den Klassen- und Rassenhaß, und die Frucht von alledem ist die Sozialdemokratie.

Zwar ist diese nur ein innerer Feind, der aber um so gefährlicher ist, weil er von unten her alles unterwühlt, alle Vernunft und Ordnung zu vernichten droht, alle Autoritäten verächtlich macht und eine urteilslose Masse mit sich fortreißt. Auf diese geistig Unmündigen wirken nämlich einzelne Stich- und Schlagwörter mit wahrhaft dämonischer Gewalt. Dazu kommt noch, daß dieser Feind aller bestehenden Ordnung auch mit fremden Zungen und unter anderem Namen seine dunklen Pläne in maulwurfsartiger Weise zu verfolgen sucht, weshalb man ihn auch die rote Internationale nennt.

Klagen wir aber dieserhalb nicht einen, nicht eine Partei, sondern uns alle an. Werden wir erst gegen uns selber strenge und gerecht, nur dann können wir es auch gegen andere sein, denn wer Zucht lehrt, der muß sie selber an sich erfahren haben. Wir würden aber eine Judasrolle am Ureigentum der Natur spielen, wenn wir unsere heiligsten Güter und Interessen nicht verteidigten. Da dieselben und wir solidarisch sind, so muß hier auch jeder seine Pflicht thun. Wer den gewaltigen Unterschied zwischen Einst und Jetzt kennt, der wird wissen, daß unser neues Staatswesen wahrlich wert ist, erhalten zu werden, ist es doch nicht nur unser Ruhm und Stolz, wofür unsere Väter und Brüder gestritten und geblutet haben, sondern es ist auch deren heiliges Vermächtnis, welches wir als solches unsern Kindern dereinst wieder zu überliefern haben.

Bekämpfen wir daher diesen inneren Feind überall besonders mit den Waffen der Vernunft und der Gerechtigkeit und vertrauen wir der bewährten Führung unseres herrlichen Kaisers, der nach allen Seiten hin treue Wacht hält, dem es auch gelingen wird, nicht nur die rote, sondern auch die schwarze und goldene Internationale zu vernichten.

Dieser Erbe und würdige Nachfolger der beiden ersten Kaiser glänzt thatsächlich heute in wunderbarer Macht und Fülle, denn getragen von der Liebe eines treuen Volkes und umgeben von einer starken Armee, marschiert Kaiser Wilhelm II. fest und sicher an der Spitze aller Völker; an der Linken ein schneidiges Schwert und in der hocherhobenen Rechten die Friedenspalme. Mit Begeisterung rufen daher auch wir Schaumburger:

Heil Kaiser und Reich!

Anhang I.

„Wie, Alf van de Ghenade Godes Greve tho Holseten und tho Scavenborg Junchere Geret, unde Junchere Erk use Brödere und alle use rechten erven, wi dot witlec allen Lüden, de deßen Bref set eder höret unde betüghet openbar dat wi usen leven Vorgehern tho Rinthelen hebbet redelken und rechtlicken gheghcven den Weser Angher so veren also de Eckerste oldinghes heft gheuloten, von der Kloster molen in de Wesere unde so wat dat water so verne dar mach thowerpen, vort mer hebbe wi on gheghcven einen Angher, de is einghes gheheten de Strid Angher, so veren also de Eckste nu vlud, van dem Ze in de Wesere unde al, dat dar dat Water so verne mach tho werpen, vort mer hebbe wi on gheghcven de Ze Angher in der wise, alse he nü licht, vort mer hebbe wie on gheghcven de menhet uppe de elve, im holte unde in velde, mit al deme, dat dar dat water mach thowerpen sünder enne stov dene wi den vom rottorpe hebbet ghesed in watern unde im holte unde im velde, also verne, alse de rad darselves tho Rinthelen unde de van rottorpe den sulven stow hebbet mit palen unde mit tekenen utghemeten unde so wanne wi den stow van den van rottorpe weder loseden, so scolde he weder use wesen in watern unde im velde unde im holte, so verne alse de van rottorpe unde de rad in demsülven stauwe dat andersied ghemaket hebbet und nicht vernere rort mer hebbe wi on gheghcven alle die menghet de se onner oren ploghen hebbet ghe hat unde noch hebbet so wor dat si ewelken und nimmber mer tho hebbende unde in ore nut tho kehren na orem willen uppe dat deße deghedinc hinna van nemende werde ghebroken ichte ghewandelet, so hebbe wi vorbenannden Greve Alf, Junchere Geret, Junchere Erk user dryer ingheseghele ghehanken tho deßen Breve. Deße brev, de is gheven na Godes Vord dusend Jar unde drehundert jar in dem achtentwinteghsten jare in sünte Johanneses daghe tho mit den sommere. — (Urkunde aus dem Jahre 1328).

Anhang II.

Wittekind's sagenhafte Genealogie.*)

„Nach dem Tode Arminii, des berühmten Fürsten der Deutschen, welcher dem Sachsenlande wohl und getreulich vorgestanden, sind unter den Herren, die dieses Land regierten, die Engerfürsten die vornehmsten gewesen. Sie residierten auf ihrem fürstlichen Hause Enger. Budo regierte nach den Cheruskern ganz Sachsen, derowegen ward er ein König von Sachsen genannt. Der zeugete Wichten. Dieser den Wittigis, der sich nennet einen Herzog von Sachsen. Dieser den Hengist, ein König in Britanien, denn er gründete (449) ein sächsisches Königreich daselbst und nannte nach seiner Engerschen Stadt Herford die Grafschaft Herfordia in Engelland. In Sachsen und Enger war sein Sohn Hatugast sein Nachfolger. Er vermehrte das Geschlecht. Ihm folgte Gilderich oder Hulderich, ein Herzog zu Engern, dann kam Bodico, nach diesem Bertold, Herzog zu Engern anno 548. Er schützte als erster Herzog diese Länder gegen die Franken. Dem folgte Sigismund oder Sieghard um das Jahr Christi 630. Diesem Dietrich, ein König der Sachsen, der um das Jahr 723 von Karl Martell gefangen genommen wurde. Mit seiner Gemahlin, Frau Debra, geborene Herzogin der Wenden, hatte er zwei Söhne, nämlich König Edelhard und Herzog Warnekind. König Edelhard hat gegen Pipin, König in Frankreich, große Kriege geführt und ist in der letzten Schlacht tot geblieben, anno 756. Nach König Edelhards Tod ist sein Bruder Warnekind ein Herzog der Sachsen geworden. Dieser zeugte mit seiner Gemahlin, geborenen Prinzessin von Rügen, zwei Söhne, nämlich den großen König **Wedekind** und Herzog Bruno. Nach dem tötlichen Abgang des Herzogs Warnekind ist sein Sohn Herzog Wedekind wiederum regierender Herzog zu Engern, Westfalen und Sachsen, anno 758, und wegen seiner herrlichen Thaten Magnus genannt worden."

Auf Wittekind führen ihren Stammbaum zurück alle sächsischen Fürsten, die Landgrafen in Thüringen, die Markgrafen von Brandenburg, die Herzöge von Braunschweig-Lüneburg, die Großherzöge von Oldenburg, die Könige von Savoyen, Dänemark und England.

---

*) Siehe Dr. H. Hartmann und Dr. O. Weddigen: Das Buch vom Sachsenherzog Wittekind.

Anhang III.

Stammtafel
des Brandenburg-Preußischen Fürstenhauses von Hohenzollern.

Kurfürst Friedrich I. von 1415—1440; dessen Sohn

„ Friedrich II. von 1440—1471; dessen Bruder

„ Albrecht Achilles von 1471—1486; dessen Sohn

„ Johann Cicero von 1486—1499; dessen Sohn

„ Joachim I., Nestor von 1499—1535; dessen Sohn

„ Joachim II., Hektor 1535—1571; dessen Sohn

„ Johann Georg von 1571—1598; dessen Sohn

„ Joachim Friedrich von 1598—1608; dessen Sohn

„ Johann Sigismund von 1608—-1619; dessen Sohn

„ Georg Wilhelm von 1619—1640; dessen Sohn

„ Friedrich Wilhelm d. Gr. von 1640—1688; dessen Sohn

„ Friedrich III. von 1688—1701, aber als König von Preußen

König Friedrich I. von 1701—1713; dessen Sohn

„ Friedrich Wilhelm I. von 1713—1740; dessen Sohn

„ Friedrich II. d. Gr. von 1740—1786; dessen Brudersohn

„ Friedrich Wilhelm II. von 1786—1797; dessen Sohn

„ Friedrich Wilhelm III. von 1797—1840; dessen Sohn

„ Friedrich Wilhelm IV. von 1840—1861; dessen Bruder

„ Wilhelm I. d. Gr. von 1861—1870, aber als Kaiser von
  Deutschland

Kaiser Wilhelm I. von 1870 bis 9. März 1888; dessen Sohn

„ Friedrich III. vom 9. März bis 15. Juni 1888; dessen Sohn

„ Wilhelm II. vom 15. Juni 1888.

———————

Stammtafel der Herren von Sauterseleben oder Saltiugleben, Grafen von Schaumburg. *

R. von Sauterseleben um 980

Bruno, 16. Bischof zu Minden, † 1055. — Adolf I. von Sauterseleben, erster Graf von Schaumburg, 1030—1065.

W. (Georg?) Graf zu Schaumburg

Adolf II., Graf zu Schaumburg, von 1106—1128 auch Graf zu Holstein

Hartung I., 1182—1196; Adolf III. 1128—1164.

Bernard Bischof zu 1175. — Adolf IV. 1164 (1175)—1225.

Bruno II. † 1281. — Konrad I. 1225—1239. — Adolf V. 1225—1239 († 1261).

Johann I. 1239—1266, erhält Holstein Wagrien; Gerhard I. 1261—1281 erhält Holstein Stormarn und Theil Schaumburg.

a. Holstein-Stormarn-Schaumburgische Linie.
Gerhard I. 1261—1281.

Gerhard II. 1281—1290 († 1312); Heinrich I. 1290—1310

a. Holstein-Schaumburgische Linie.

Adolf VI. 1290—† 131?	Gerhard III. Schauer I. † 132?; † 1390	Heinrich II.; Otto † 1390 Heinrich III
Adolf VII. Otto I. 1315—1355; † 1350;	Gerhard VI. Johann VII. † 1353; † ?	Gerhard V † 1327
		Johann VIII. † 1390.
Adolf VIII. Gerhard VIII. Simon I. Bernhard I. Otto I. 1353—1370; † 1364. † 1350. † ? 1370—1404		

Otto II. 1427—1464, womit die eigentliche Holsteiner Holstein erlöschen.

Adolf IX. 1164—1171;	Otto II. 1154—1455, 1459—1471,	Gerhard II. † ?	Otto III. 1455—1540,	Heinrich VIII. 1474—1504;	Rasso I. 1510—1526,	Johann IX. (II.) 1540—1527,

Job (Jobst) I. 1527—1582.

Otto, † ? Heinrich IX. † 1529	Adolf XI. 1543—1570; † 1556 zu Köln.	Jobann X. 1539—1560;	Otto IV. 1544—1576;	Juli I. † 1561;	Anton II. 1556—1558;	Wilhelm III. † 1580;	Otto III. † 1595;	Ernst II. † ?

Hermann I. 1546—1580; † 1572;	Otto 1582—1604; † 1608;	Adolf XII. 1588	Anton III., vermählich, 1601—1622.	Heinrich X. Otto III. 1612—1635. † ?	Job III. † ?	Hermann II. † ?	Georg I. † ?
Julius I. 1565—1601.				Job Hermann		Otto V 1635—1640, womit das Haus von Sauterseleben männlicher Linie erlischt.	

b. Holstein-Wagerasche Linie.
Johann I. 1239—1266.

Johann II. 1266—1291. Adolf VI. † 1308. Albrecht I. † ?

a. Holstein-Stormarnsche Linie.
Heinrich I. 1261—1310.

Wilhelm I. Jerome V. Gerhard IV. † Ge um 127?; 1317—1289; 1310—1380		

Dietrich IV. Walter II. Johann VI. 126?—1391; 1140—1400. † 139?

Gerhard VII 1350—1404, Albrecht II. Heinrich V. erster Herzog zu Schleswig, 1370—1404; 1392—1423.

Heinrich VI. Adolf X. 1423—1459 erhielt zu Minden seines Vetters 1421—1437 Christian von Oldenburg 1448 die dänische Königskrone ab. Mit dessen Adolf 1448 die dänische Schaumburgische Besitzungen auf. Anno 1474 ...

c. Holstein-Wagerasche Linie.
Johann II 1266—1291.

Adolf VII. Schue I. † 1415	Johann III. † ?	Johann IV. um 1290 1291—1350.	

Adolf VIII. 1350—1290, erhielt ...

*) Die Reihenfolge der Grafen mit dem Namen "Adolf" ist hier der Deutlichkeit wegen für die Schaumburgische wie für die Holsteinische Linie getrennt angegeben.

Lippe-Schaumburgische Fürsten,
welche mütterlicherseits die Nachkommen der Herren von Sauterseleben, Grafen von Schaumburg sind,

Philipp, erster Graf von Schaumburg-Lippe, 1643—1681,

(außer Sohn des Grafen Simon VI. von Lippe und dessen Gemahlin Elisabeth, (Eduard V. Ritter und Schreiber des Grafen Graf III.), war eine zugleich ein Großsohn Ottos IV. (für das Reformation zuständig).)

Graf Philipp von 1643—1681; dessen Sohn

Graf Friedrich Christian, von 1681—1728; dessen Sohn

Graf Albrecht Wolfgang von 1728—1749, dessen Sohn

Graf Wilhelm Friedrich Ernst von 1748—1777, dessen Großenfeld Großsohn

Graf Philipp Ernst von 1777—1763, dessen Sohn unter Vormundschaft der Mutter, Großn Juliane bis 1807, dann alt Regent

Fürst Georg Wilhelm von 1807—1860, dessen Sohn

Fürst Adolf Georg von 1860

Graf Philipp jüngster Sohn blich Wilhelm Graf † 1728, und der Schluß die Linie Lippe-Alverdißen, sein Sohn war Graf Friedrich Ernst † ?, dessen Sohn war